Geschichten, die die Schule schreibt

Christine Dobretsberger (Hg.)

Geschichten, die die Schule schreibt

Wie Lehrer stündlich gefordert sind

molden verlag

Inhalt

Vorwort der Herausgeberin

Früher hatten Lehrer automatisch Recht. Heute scheint es recht und billig, sie an den Pranger zu stellen. Lehrerinnen und Lehrer bekommen in der Öffentlichkeit keine allzu guten Noten ausgestellt. Dies geschieht zumeist unhinterfragt, erfolgt im Kanon der medial geführten Lehrerdebatte.
Egal ob Schülerstreik, Integrationsprobleme, überfüllte Klassenzimmer oder steigende Gewaltbereitschaft bei Jugendlichen – die „Schuldigen" sind schnell bei der Hand: die Lehrer. Auf der anderen Seite: Berichte über inakzeptable Arbeitsbedingungen, unzureichend ausgestattete Konferenzzimmer, psychischer Dauerstress und Burn-out. Wo liegt nun die Wahrheit? Wie erleben Lehrerinnen und Lehrer tatsächlich ihren Berufsalltag? Wie gehen sie damit um, in den Klassenzimmern täglich mit Konflikten konfrontiert zu werden? Was bedeutet es für sie, in zunehmendem Maß der Kritik der Öffentlichkeit ausgesetzt zu sein?
Allesamt Fragen, die in Wirklichkeit nur einer beantworten kann: Der Lehrer, die Lehrerin selbst. Sie sind die einzig echten Experten. Ihr Arbeitsplatz ist die Schule, ihre Bühne das Klassenzimmer, ihr Publikum Kinder und Jugendliche im Pflichtschulalter und darüber hinaus. Die „Ränge" sind meist übervoll, bunt zusammengewürfelt, man spricht viele Sprachen – nicht immer jene des Lehrers. Aber dessen Aufgabe ist es zu verstehen, und zwar so gut wie alles zu verstehen. Beispielsweise wenn Lernerfolge deswegen ausbleiben, weil es Krach im Elternhaus gibt. Verständnis ist ebenfalls gefragt, wenn sich privater Frust an der Person des Lehrers entlädt, dieser als „Wutableiter" fungiert, Verbalattacken ausgesetzt ist

– kurzum: wenn überdeutlich zum Ausdruck gebracht wird, dass es im Leben Heranwachsender wichtigere Dinge gibt als beispielsweise die Lösung der Frage nach dem arithmetischen Mittel aus x und y.
Hingegen der Umkehrschluss, welche Anliegen die Lehrerinnen und Lehrer beschäftigen, ist die große Unbekannte. Hierfür hält der gesellschaftliche Diskurs kaum Argumente parat. Man weiß zwar ansatzweise um die wachsende Unzufriedenheit der Lehrkräfte, hört da und dort ihr Stöhnen, die konkreten Hintergründe hierfür kennt man aber nicht im Detail. Mit anderen Worten: Die Zeit ist reif, dieser Berufsgruppe ein Forum zu bieten, offen über den täglichen Schulstress zu berichten: Ab Mai 2010 waren Österreichs Lehrerinnen und Lehrer dazu eingeladen, ihre bemerkenswertesten Erlebnisse und Eindrücke zu Papier zu bringen. Für die Einreichung der Texte standen drei Optionen zur Verfügung: Der Molden Verlag, die Internetplattform der Österreichischen Beamtenversicherung (ÖBV) sowie der Verein Zeitung in der Schule (ZiS). Allen Menschen, die hinter diesen Institutionen stehen, gilt mein herzlicher Dank – namentlich und in Besonderem Mag. Gerda Schaffelhofer (Geschäftsführerin der Verlagsgruppe Styria) und ihrem gesamten Team (spezieller Dank an Marion Mauthe für ihr gewissenhaftes Lektorat), Mag. Josef Trawöger und Dr. Karl Heinz Setinek (Vorstand der ÖBV) sowie der langjährigen ZiS-Geschäftsführerin Mag. Elisabeth Böhm und ihrer nunmehrigen Nachfolgerin Mag. Barbara Aschenbrenner.
Diese breit angelegte Projektausschreibung ermöglichte es, dass die Idee zu diesem Buch sehr schnell in den Konferenzzimmern bekannt wurde. Und eines vorweg: Die Bandbreite der eingereichten Beiträge war verblüffend, das Spektrum an

Themen weit gefasst. Zugleich bester Beweis, dass sich viele Lehrerinnen und Lehrer weit über ihre dienstlichen Verpflichtungen hinaus engagieren – nicht nur Wissen vermitteln, sondern auch als Elternersatz fungieren, Aufmerksamkeit, Lebensmut und Trost schenken. Aus dem Pool der Einsendungen nun eine Auswahl zu treffen, war alles andere als einfach. Deshalb möchte ich mich an dieser Stelle bei allen Lehrerinnen und Lehrern bedanken, die unserem Projekt Interesse und Zeit geschenkt haben.

Auf den folgenden Seiten werden Sie die unterschiedlichsten Lehrergeschichten vorfinden. Jede Schilderung spiegelt ein individuelles Erlebnis, ist aus einem sehr subjektiven Blickwinkel und im persönlichen Stil erzählt. Jeder Beitrag spricht für sich selbst, ist ein Mosaikstein im Gesamtbild „Schulalltag", gleichzeitig ein wichtiger Impuls für das zugrunde liegende Ziel dieses Buches: eine konstruktive Diskussion in Gang zu setzen.

Christine Dobretsberger

GUNDI HAIGNER

Kooperative Mittelschule mit ökologischem Schwerpunkt
Anton Baumgartnerstraße 119, 1230 Wien

Unterrichtsfach/fächer:
Englisch, Musik, Kreatives Schreiben

Ich kündige

Da stehen wir also nun, der Valentin F. und ich, Gundi H. In der Direktionskanzlei meiner Chefin, Frau Direktorin Guth, die nicht nur so heißt.
Ich habe ihn dorthin geschleppt und war so verwundert, dass er ohne Widerstand mitgegangen ist, dass dies meine Wut dummerweise gemindert hat. Als er nun vor ihrem Schreibtisch steht, kommt es mir plötzlich unfair vor, ihn dort allein stehen zu lassen und stelle mich neben ihn. Da stehen wir jetzt, Valentin F. und Gundi H., wie zwei Delinquenten.
Das Angebot meiner neuen Chefin, mit verhaltenskreativen Schülern frühzeitig zu ihr zu kommen, war so wohltuend, dass ich es nun in Anspruch nehmen möchte.
Wir warten. Ständig klingelt das Telefon der Chefin. Innerhalb von wenigen Minuten kondoliert sie einem Anrufer, vertröstet einen anderen, der gern einen Schulplatz für sein Kind gehabt hätte, gibt einem dritten Auskunft, und so geht es dahin. Sie tut mir leid, weil sie sich nun auch noch um uns kümmern muss.

Dieses „uns“ stört mich. Das klingt, als ob wir Verbündete wären. Aber gerade das sind wir ja leider nicht.
Ich stehe so nah bei Valentin, dass ich spüren kann, was er fühlt: Seine Aufregung, seine Kurzatmigkeit. Gerade eben noch und jede Nacht ab halb drei, wenn mich Schulträume wecken und mich unter den Polster nach dem Bachblütennotfallspray greifen lassen, möchte ich nichts als kündigen. Ich will jetzt absolut kein Mitgefühl für diesen Schurken aufbauen!
Frau Direktor Guth wendet sich ihm zu, schaut ihm in die Augen, findet den richtigen Ton – zwischen burschikos und eindringlich. Er hat die Arme am Rücken, hält sich selbst an den Händen, sein rotes Gesicht ist ernst. Allein das tröstet mich schon, dass er meine Chefin ernst nimmt.
Am „Frausein“ liegt es also nicht. Sie fragt ihn leise – ganz so, als würde sie privat mit ihm reden: „Wolltest du denn nicht neu anfangen nach dem Wiederholen? Man muss sich doch auch in Musik benehmen!“
Er widerspricht ihr nicht. Ich schon. „Englisch“, bessere ich sie, ganz Lehrerin und Perfektionistin, aus. „Auch in Englisch“, setzt sie schnell nach. Und plötzlich, plötzlich würgt es mich in der Kehle und ich kann einen Lacher fast nicht unterdrücken. Ich schaffe es mit Müh und Not ein Herausplatzen zu verhindern, richtig übel wird mir vom Zurückhalten.
In diesem Moment weiß ich wieder einmal: Ich werde bleiben. Wer lacht, kann nicht kündigen. Verflixt. So nah dran war ich schon. Wie noch nie.

UTE ALBERT

unterrichtet an einer Volksschule in Wien

Judith bleibt

Judith will gehen, jetzt auf der Stelle. Sie hat ihre Schuhe angezogen und ihre Jacke. Jetzt steht sie in der Mitte des Klassenzimmers: „Scheiß Schule, alles scheiße hier. Ich gehe, nach Hause, zur Mama. Alle blöd da!" Judith stampft auf, wischt Michaels Federpennal vom Tisch. „Alle deppert, mag euch alle nicht." Die Kinder stehen und schauen sie an, die Lehrerin steht auch da, vor der Tafel, noch die Kreide in der Hand. „Nein Judith, du bleibst da, der Unterricht ist noch nicht zu Ende." Judith kocht, keiner versteht sie, keiner mag sie, alle sind blöd, blöd, blöd. „Du Depperte hast mir nichts zu sagen! Ich geh jetzt zur Mama!" Andrea atmet tief durch, blitzschnell wie ein Kurzfilm, Szenen von voriger Woche. Da hat Judith auch schon getobt, hat Kindern die Schulsachen von den Tischen geworfen, alle beschimpft, eine Schere geschnappt. Zuerst hat Andrea geglaubt, Judith wird jetzt gleich mit der Schere auf sie losgehen. Sie hat sich warnend zwischen Judith und die anderen Kinder gestellt. „Gib die Schere weg, sofort. Du tust noch wem weh!" Da hat Judith gegrinst, hat die kleine

Macht gespürt, die ihr die Schere gegeben hat. Plötzlich war alles wie in Zeitlupe gewesen. Andrea hat sich ihr langsam genähert, hat Judith fest in die Augen geblickt, hat weiter ruhig geredet. „Komm, Judith beruhig dich wieder, leg die Schere weg." Judith ist Andreas Blick dann ausgewichen. „Na gut", hat sie gemeint, „dann zerschneid ich halt meine Hefte."
Judith hat begonnen, in den Plastikeinband ihres Schreibheftes zu schneiden. „Schade, um den schönen Einband, jetzt musst du einen neuen kaufen, von deinem Taschengeld wahrscheinlich." Andreas Blick war jetzt ein bisschen weicher, aber immer noch ganz und gar auf Judith gerichtet. Dabei schauten alle Kinder der Klasse zu, standen beinahe reglos. Keiner hat gemerkt, was Andrea gerade empfand. Andrea musste jetzt stark sein, sich nicht provozieren, aber vor allem die Situation nicht eskalieren lassen. So was hatten sie ja auch schon mal, so eine Eskalation, wo Judith dann richtig auf Andrea losgegangen ist, nach Andrea getreten hat, wo Andrea sie festhalten musste, weil Judith ganz außer Rand und Band war, weil man nicht wusste, was sie als Nächstes tun würde. Damals hat Judith nicht gewusst, was sie will, jetzt weiß sie es auch nicht.
Andrea aber weiß genau – damals wie heute – dass sie Judith in die Klassengemeinschaft zurückholen will. Die Kinder der Klasse vor Judith schützen, jedes einzelne Kind, das diese Situation erleben musste, vor einem Übergriff bewahren, einerseits. Andererseits Judith helfen, sich zu beruhigen, sich wieder im Griff zu haben, über ihre Gefühle zu reden. Das hat Judith dann auch getan. „Ich bin wütend!", hat sie geschrien. „Ich hasse alle!"
Dann ist Judith weinend in Andreas Arme gefallen, hat geschluchzt, hat sich über die Haare streicheln lassen. „Ach Judith, war das jetzt echt notwendig? Was hat das jetzt

gebracht?“, hat Andrea dann gesagt. „Keiner mag mich“, hat Judith geschluchzt. „Doch, ich mag dich“, hat Andrea gemeint. „Komm, lass uns nach den anderen schauen.“ Andrea wollte Judith, so schnell es geht, wieder in die Gemeinschaft zurückführen. „Wer mag aller die Judith, bitte aufzeigen!“
Da sind dann ganz viele Hände in die Höhe gegangen. Andrea hätte jetzt am liebsten jedes einzelne Kind in ihrer Klasse abgebusselt. Durfte so was wahr sein? Gerade eben hatte Judith sie noch beschimpft und angegriffen, und jetzt, so kurze Zeit später, haben so gut wie alle Kinder aufgezeigt, um Judith zu helfen, ihr zu zeigen, dass sie friedlich mit ihr zusammen sein wollen. Da war Andrea ganz schön gerührt und stolz. War das viele Reden, Diskutieren, Eingehen auf Bedürfnisse, Zuhören, Aussprechen lassen, Vertrauen aufbauen, Spielen doch nicht ganz umsonst gewesen.
An all das muss Andrea denken, als Judith hier nun so vor ihr steht. „Ich geh nach Hause zur Mama!“, bekraftigt Judith noch einmal, „mir reicht's da, sind eh alle nur blöd.“ Andrea hat gar nicht damit gerechnet. Gerade heute hat Judith eine Einzelbetreuung mit einer besonders lieben Teamlehrerin bekommen, hat eben noch friedlich mit ihrer Banknachbarin gespielt. Andrea war kurz im Nebenraum der Klasse, um die Computer auszuschalten, da ist Judiths Stimmung blitzartig umgeschlagen.
Die Kinder, die um sie herumstehen, beteuern alle, dass sie nichts angestellt haben. Ein bisschen ratlos und eigentlich auch genervt ist Andrea heute schon. Es ist die letzte Stunde eines arbeitsreichen Tages, Andrea ist müde, die Kinder sind müde, haben heute viel gelernt. Eigentlich wollte Andrea den Tag mit Spielen und Malen entspannt für alle ausklingen lassen. Und jetzt das – tief durchatmen allein hilft nur bedingt.

Andrea lässt einen ihrer ganz seltenen, pädagogisch völlig wertlosen „Brüller“ los: „Du bleibst da, hast du mich verstanden? Darüber diskutier ich jetzt nicht mal eine Sekunde!“ „Neeeeeiiiiiin, tu ich sicher nicht!“, Judith zeigt Andrea die Zunge. „Schöne Zunge hast du!“ Judith zeigt auf ihren Popo und tut so, als würde sie furzen.
„Schönen Popo hast du!“ Ein paar Kinder müssen lachen.
Jetzt wird's brenzlig, denkt Andrea. Wenn die anderen anfangen, Judiths Verhalten lustig oder nachahmenswert zu finden, na gute Nacht.
„So verhalten wir uns nicht in der Schule, Judith. Kinder, die so etwas tun, haben in der Schule nichts verloren.“ Andrea merkt, dass sie sich auf ganz dünnes Eis begibt.
„Ich will ja eh weg, ist mir doch egal.“ – „Dann kommst du aber vielleicht in eine Klasse, wo dich keiner mag, hier mögen wir dich aber.“ Das Eis wird wieder dicker.
Judith schaut sich um, kurzes Zweifeln. Einige Kinder wenden sich ab, blicken fragend zur Lehrerin. „Ich will zur Mama!“ Mit Zweifel in der Stimme schaut Judith mehr fragend als fordernd. Andrea weiß, dass Judith als Säugling von ihrer Mutter weggelegt wurde, dass sie bei der Oma aufgewachsen ist und jetzt in einer Wohngemeinschaft wohnt. Judith sieht ihre Mutter nie, hat sie nie gesehen, kennt sie gar nicht. Was Judith aber weiß, ist, dass ihre Mutter noch drei Söhne bekommen hat, die sie nicht weggegeben hat, die bei ihr wohnen.
So, und was soll Andrea jetzt sagen? Das geht irgendwie ans Eingemachte. Andrea hat trotzdem keine Zeit zum Überlegen, jetzt in diesem Moment muss etwas geschehen, alle Augen sind auf sie gerichtet. Okay, da muss ich jetzt durch.
„Judith, du weißt, dass das nicht möglich ist, du kannst jetzt nicht zu deiner Mama.“ Punkt. Einfache Tatsache, Feststel-

lungen bringen oft Sicherheit in gar nicht sicheren Situationen, hofft Andrea. „Aber hier bei uns kannst du sein, wir sind da. Wir wollen jetzt zusammen malen, also zieh dich wieder um und hol deinen Malkasten." Judith schluckt, man kann sehen, wie es in ihrem Kopf rattert. „Du hast letzte Woche so ein schönes Bild für mich gemalt. Glaubst du, dass du noch ein Blumenbild dazu malen könntest? Ich möchte es gern zu dem anderen dazuhängen." – „Borgst du mir dann aber wieder den Pinsel?" – „Na klar, den hol ich gleich für dich."

Uff, noch mal die Kurve gekratzt, denkt Andrea und holt schnell den Pinsel aus dem Kasten. Als sie sich umdreht, sitzt Judith wieder umgezogen auf ihrem Platz und schwingt erwartungsfroh ihr Zeichenblatt. „Das mal ich für die Mama", meint sie.

„Gut, ich werde es für sie aufheben", antwortet Andrea.

Jetzt malen alle Kinder wunderschöne Bilder für ihre Mütter, denn in ein paar Tagen ist Muttertag.

Ein Unterrichtsversuch

Montag, 8.00 Uhr, vor dem Klassenzimmer der 8A.
Die Deutschlehrerin steigt, fröhlich vor sich hinsummend, die Treppe hinauf, in der linken Hand die Schultasche und einen Beutel mit einer Thermoskanne, über der rechten Schulter einen Rucksack. Vor der Klasse warten Angela, Daw, Doris; in der Ecke lehnt Sabine. Mirja und Joela sind in ein intimes Gespräch vertieft.

Lehrerin: Guten Morgen, liebe Kinder. *(Kramt verzweifelt im Rucksack nach dem Schlüssel, murmelt ein paar hoffentlich unverständliche Flüche, findet nichts, kramt weiter.)*
Doris *(mit Schwung und sichtlich guter Laune):* Is' eh offen …
Lehrerin: Wir haben viel zu tun, wir beginnen gleich …
Die Tür wird aufgerissen, Ina und Anne-Kathrin erscheinen, begeben sich sofort zu Mirja und Joela, bilden ein Knäuel, aus dem nur noch Kichern und Glucksen zu vernehmen ist. Valerie taucht auf, setzt sich neben Doris, vertieft sich mit ihr über dem Geografie-Heft in ein konzentriertes Fachgespräch.

Lehrerin *(während sie ihre Unterlagen ordnet):* Also, jetzt ist es wirklich Zeit …

Die Tür wird aufgerissen, Christoph und Ihsan betreten forschen Schritts das Klassenzimmer. Während Ihsan sich gleich an den Tisch neben der Tür setzt, nimmt Christoph in der ersten Reihe Platz und breitet sein Frühstück vor sich aus: einen halben Liter Kakao und vier Zimtschnecken. Beide nehmen ihr Mathematikheft heraus und beginnen eifrig zu rechnen. Während die Lehrerin ihre Thermoskanne aufschraubt und dampfenden Nerventee in den Becher gießt, huschen Fiona und Serena herein, setzen sich in die zweite Reihe und holen kariertes Papier aus ihren Taschen.

Lehrerin: Wir beginnen heute mit der Maturafrage „Epik nach 45." Ich habe euch Texte mitgebracht.

Joela: Nicht so schnell, ich komme nicht mit!

Valerie *(der eine halbe Wurstsemmel zu Boden fällt, genau in dem Augenblick, in dem sie abbeißen will, halblaut):* Scheiße!

Die Tür wird aufgerissen, Isabelle betritt lachend das Klassenzimmer.

Isabelle *(beschwingt):* Guten Morgen, Frau Professor!

Sie geht in die dritte Reihe, küsst nacheinander Ina, Mirja, Joela links und rechts auf die Wangen, begibt sich dann zu Anne-Kathrin, setzt sich schwungvoll, nimmt ihren Kalender heraus und schlägt eine Seite mit eingeklebten Fotos auf.

Lehrerin *(protestierend):* Isabelle!

Anne-Kathrin stößt Isabelle mit dem Ellbogen an, diese merkt nichts, dreht sich um, schaut fragend nach links und rechts, verdreht die Augen.

Lehrerin: Isabelle, du kommst fünf Minuten zu spät, und dann machst du so ein Affentheater!

Isabelle: Aber Frau Professor, immer gehen Sie auf mich los, jetzt hab ich wirklich nichts gemacht!

Lehrerin *(vor Zorn fast stimmlos):* Du setzt dich jetzt sofort nach hinten!

Die Tür wird aufgerissen, Nico stürmt, umweht von einer Nikotinfahne und begleitet von Stephan, herein.

Lehrerin: Nicolaus und Stephan, das ist zehn Minuten zu spät, das kann ich nicht akzeptieren.

Nico: Frau Professor, reden Sie mit dem Zanger, der überzieht jede Stunde, ich kann wirklich nichts dafür, wissen Sie, wie der uns behandelt?

Lehrerin *(resignierend):* Also, setzt euch und seid ruhig! Ich werde mit Prof. Zanger sprechen.

Kichern aus der letzten Reihe.

Lehrerin: Also, ihr nehmt jetzt den ersten Text, lest ihn durch und überlegt, aus welcher Perspektive hier erzählt wird.

Mirja: Langsam! ... Perspektive erzählt ... Wie geht es weiter, Frau Professor?

Ina *(dreht sich zu ihr um):* Das sollst du nicht schreiben, das sollst du tun!

Mirja *(verwirrt):* Was?

Serena *(zu Fiona, halblaut):* F7

Fiona: Getroffen!

Lehrerin: Serena und Fiona, ihr räumt das jetzt sofort weg!

Fiona: Aber wir tun ja eh nix!

Lehrerin: Du sollst den Text untersuchen!

Fiona nimmt beleidigt ihre Privatlektüre zur Hand und versinkt in konzentriertes Lesen. Die Lehrerin schenkt sich erschöpft Nerventee nach.

Lehrerin: Was fällt euch bei diesem Text auf?

Angela hebt die Hand, die Lehrerin zeigt in ihre Richtung.

Bevor Angela den Mund öffnen kann, antwortet Anne-Kathrin (während sie sich mit einem fleischfarbenen Fettstift die Lippen

nachzieht): Also irgendwie wird hier komisch erzählt, wissen Sie, was ich meine?
Ina *(gleichzeitig):* Wie ein innerer Monolog …
Doris *(auch gleichzeitig):* Aber das ist doch eine personale … wie heißt das … eine personale Dingsbums … na, Sie wissen schon!
Angela lässt resignierend die Hand sinken.
Die Tür wird aufgerissen, Armand, nur erkennbar an Kleidung und Körperhaltung, Gesicht aus frisurtechnischen Gründen verdeckt, kommt in die Klasse. Er eilt wortlos nach links hinten ins Eck, lässt sich auf den Stuhl fallen, legt die Arme als Polster auf die Tischplatte und schläft ein. Die Lehrerin dämpft ihre Stimme, um ihn nicht zu wecken.
Lehrerin: Hier wird also aus der Perspektive einer einzigen Person erzählt, der Erzähler sieht alles nur aus einem Blickwinkel – Isabelle, warum schreibst du nicht mit?
Isabelle: Das geht mir zu schnell, ich komm eh nicht mit!
Mirja: … einer einzigen Person … Wie geht's weiter?
Die Tür wird aufgerissen, Andschela stürmt herein, stoppt vor der Lehrerin.
Andschela *(atemlos):* Entschuldigen Sie, Frau Professor, aber ich musste warten, bis die Waschmaschine zu schleudern aufgehört hatte, ich musste noch die Wäsche aufhängen, damit sie heute Abend trocken ist, weil ich sonst ohne Bettwäsche wäre und dann nicht schlafen kann.
Lehrerin: Gut, gut, Andschela, setz dich!
Andschela setzt sich zwischen Christoph und Sabine und erzählt beiden die Wäschestory en detail.
Die Lehrerin füllt in stummer Verzweiflung das Klassenbuch aus.
Lehrerin: Wer fehlt?
Stimmen: Ari und Sophie!

Lehrerin: Hat irgendjemand Leon in den letzten drei Wochen getroffen?
Ihsan *(aus seiner mathematischen Konzentration aufwachend):* Ich habe mit ihm telefoniert, er hat Schnupfen.
Lehrerin *(mit schwacher Stimme):* Also, wo waren wir stehengeblieben?
Andschela: Kann ich auch so ein Blatt haben?
Mirja: … einer einzigen Person …
Lehrerin: Also, es wird aus der Person einer einzigen Perspektive.
Serena *(kichert):* Aber Frau Professor!
Lehrerin blickt verwirrt in die Klasse.
Isabelle kämmt sich.
Armand schnarcht leise.
Nico richtet sich die Zigarettenschachtel her.
Nico: Pause
Es läutet.

KATALIN DARTHE

Sonderpädagogisches Zentrum 12
Rosasgasse 8, 1120 Wien

Unterrichtsfach/fächer: alle Gegenstände

Der Berni

Du verstummst. Stehst schweigend da vor dem Stück Lebensteppich, den er vor dir ausrollt. Starrst auf die Löcher, die Flecken, die Risse, auf dieses Stück Grauen, das sein junges Leben ist. Kannst nichts ändern, nichts flicken, nichts reinigen, nur entsetzt erkennen, dass du dieses Lebensgewebe bloß fassungslos anstarren, nicht aber in einen wertvollen Perser verwandeln kannst. Fragst ihn, hörst ihm zu, sagst hilflose Dinge, verstehst ihn so unendlich gut, weißt, dass er weiß, wie verschlissen sein Teppich ist, drückst ihm etwas Garn in die Hand, wickelst dich in dein eigenes Tuch – und gehst.
Hast das Bild dieses Lebens vor Augen, in dem er bis zum Hals drin steckt, tief genug, um das raue Tuch auf seiner Haut zu fühlen, und nicht so tief, dass er nicht sehen könnte, wie beschädigt und verdorben es ist.
Wie viele haben mitgewebt an diesem Teppich – Eltern, Lehrer – und ihn gleichzeitig zerrissen, zerschnitten, zerfetzt.
Und auch er dreht sich um, geht. Geht hinein in dieses Chaos aus Nichts, Einsamkeit und Ausweglosigkeit. Kämpft sich

durch mit Drogen, die er nimmt, mit Drogen, die er verkauft. Er ist weniger kaputt, als die, die ganz kaputt sind. Er ist nicht so ganz unten, wie die, die ganz unten sind. Aber er ist kaputt und er ist unten.

Ich weine, weil ich woanders bin, ganz woanders. Sie tut weh, diese Ungerechtigkeit.

Ich wurde nicht geschlagen, ich hatte keinen betrunkenen Vater, ich bekam eine Schulbildung, ich wurde sanft in dieses Leben gewiegt.

Er wurde gestoßen, getreten, geschlagen. Er wurde verstoßen, er wurde verschlagen. Väter, die ihren Kindern mit Eisenstangen die Handgelenke brechen. Söhne, die ihre Väter durch Glastüren treten. Und dann sitzen sie im Gefängnis, weil sie keine Chance hatten. Und dann verlassen sie das Gefängnis, und haben keine Chance. Und weil sie keine Chance haben, kommen sie ins Gefängnis.

Und ich kann nichts tun, außer ihm zuhören, mich daran erinnern, dass er einige Jahre mein Schüler war, und zögernd in mein Leben zurückkehren.

Beschämt, bestürzt und ganz still.

LUCIA MARIA VALERO

Bundesrealgymnasium Landwiedstraße
4020 Linz

Unterrichtsfach/fächer:
Bewegung und Sport, Spanisch

Gipsy King

Wir schrieben das Schuljahr 2001/02. Ich absolvierte mein Unterrichtspraktikum in Wien im BRG Marchettigasse im sechsten Bezirk. Eines Tages musste ich eine Bubengruppe in Bewegung und Sport, damals noch „Turnen" genannt, supplieren. Es wird eine zweite oder dritte Klasse gewesen sein. Wie in solchen Fällen üblich, befragte ich den Haufen nach seinen sportlichen Vorlieben, und rasch hatte man sich auf Völkerball geeinigt. Ein schmächtiger blonder Junge, er trug den Arm im Gips, nahm neben mir auf der Langbank Platz und sah zu. Während der ersten Partie seiner Kollegen litt oder jubelte er bei den Treffern, zog Wurfbewegungen durch die Luft, stampfte mit den Füßen und wetzte auf seinem Hosenboden herum, als säße er in einem Ameisenhaufen. Vor Beginn der zweiten Partie hielt er es nicht mehr aus. „Kann ich bitte mitspielen? Ich pass auch ehrlich ganz gut auf." Seine blitzblauen Augen flehten mich an.
Ich zögerte nur kurz. „Na gut!" Erstens konnte ich seinen Frust auf der Bank nicht mehr länger ertragen. Zweitens liegt mir

der integrative Charakter des Sportunterrichts seit jeher näher als der diskriminierende. Drittens bin ich auf dem Land aufgewachsen, wo Unfälle und eingegipste Extremitäten an der Tagesordnung waren. Sie waren in keiner Form ein Hindernis für sportliche Glanztaten, sondern vielmehr ein Ansporn. Und viertens hatte ich selbst als Zwölfjährige drei Wochen den Arm im Gips und zehre bis heute von den damals gemachten motorischen Fortschritten. (Ich kann noch immer einhändig ein Rad schlagen und mit der linken, schlechteren Hand schreiben. Zugegebenermaßen gewinne ich damit keinen Kalligrafiewettbewerb, aber leserlicher als einige meiner aktuellen Schüler schreibe ich allemal).
So genau analysiert habe ich meine damalige Antwort ehrlicherweise nicht. Es war eine Bauchentscheidung. Aber ich habe sie nicht bereut. Denn was darauf folgte, bestätigte mich nur: Der kleine Bengel spielte seine Kollegen einhändig in Grund und Boden. Er fegte über das Spielfeld, war vorne, hinten, links, rechts zu sehen, fing die schärfsten Kanonenschüsse seiner Gegner lässig mit einem Arm, um mit noch wuchtigeren Angriffen zu kontern. Beim abschließenden Saalausräumen war er natürlich der Letzte, der überblieb. Mit dem Gips wischte er sich den Schweiß von der Stirn und trottete zufrieden in die Garderobe. Ich schickte ihm noch ein anerkennendes „Toll gespielt!“ nach.
Am nächsten Tag war ich noch immer beeindruckt von der Vorstellung des blonden Jungen. Enthusiastisch berichtete ich meiner Betreuungslehrerin von dem sportlichen Talent, das nicht einmal durch einen steifen Arm zu bremsen war. Da erstarrte sie zur Salzsäule: „Bist du noch zu retten? Du hast einem Schüler mit Gips die Teilnahme am Turnunterricht gestattet? Willst du deine Turnlehrerkarriere beenden, bevor sie

überhaupt begonnen hat? Und weißt du überhaupt, wer der Bursch ist?" Kleinlaut schüttelte ich den Kopf. „Sollte ich den kennen?" – „Vielleicht. Er heißt Dinko Jukic. Juuuuuukic." Sie ließ sich seinen Nachnamen auf der Zunge zergehen. „Klingelt's?" Jetzt blieb mir der Mund offen stehen. „Du meinst, der kleine Bruder der Schwimmerin Mirna Jukic?" – „Ja, und nicht nur das. Größte österreichische Nachwuchshoffnung im Schwimmen. Wenn man seinen verletzten Arm ordentlich ausheilen und ihn nicht damit Völkerball spielen lässt, wird der einmal so richtig gut!"

Das nächste Mal sah ich Dinko Jukic im Jahr 2008. Er lächelte von meinem Flatscreen im Wohnzimmer und sprach über seine Ziele bei den Olympischen Spielen in Peking. Sein Gesicht hatte sich nicht wesentlich verändert. Aber seine schrankähnlichen Abmessungen hatten mit dem kleinen Häufchen Elend, das vor Jahren neben mir auf der Langbank gekauert war, nichts mehr gemein. Danach beobachtete ich ihn beim Schwimmen. Er glitt in atemberaubendem Tempo von einem Beckenrand zum anderen. Spätfolgen von seiner Verletzung und der illegalen Völkerballstunde konnte ich nicht erkennen. Im Gegenteil. Ich bilde mir sogar ein, dass das letzte Quäntchen Effizienz seines Delphinarmzugs von einer in seiner Kindheit absolvierten Trainingseinheit unter erschwerten Bedingungen herrührt. Von Wurfbewegungen mit einem Gipsarm zum Beispiel.

Dennoch: Eingegipste Kinder müssen seither im Sportunterricht bei mir zuschauen. Von der ersten bis zur letzten Minute. Schade irgendwie.

THOMAS BULANT

Offene Mittelschule
Josef-Enslein-Platz 1-3, 1100 Wien

Unterrichtsfach/fächer:
Mathematik, Geschichte und Sozialkunde,
Musikerziehung

Carpe diem – Nutze den Tag

Der Sommer neigt sich den ersten kalten Blicken des Herbstes. Ein verschleierter Himmel ruht über dem morgendlichen Land. Langsam taucht die Sonne alles in ein warmes von Farben durchtränktes Tuch der Vergänglichkeit. Die fallenden Blätter verabschieden in ihren erdig-feurigen Tönen die Hochgefühle des Sommers. Die Stille, die über den sanften Hügeln und der glatten Oberfläche eines Sees liegt, wird durchbrochen von einem aufsteigenden Vogelschwarm. Er fliegt in den Süden, die Zukunft im Gepäck.

Ein herbstliches Stimmungsbild im Film *Der Club der toten Dichter.* Es umhüllt jene Eliteschule in den Bergen Vermonts, an der Tradition, Disziplin, Ehre und Leistung als die vier Säulen des pädagogischen Programms gelten.
Ein herbstliches Stimmungsbild, das mich beschleicht, wenn sich die Mädchen und Jungen nach vier Jahren Klassengemeinschaft von ihrer Schule verabschieden.
Ein herbstliches Stimmungsbild, vor dem ich mich gefürchtet habe, als ich erstmals als Klassenvorstand an meiner Haupt-

schule in Wien Favoriten mit einem Abschluss konfrontiert gewesen bin.
„Carpe diem" hieß das Motto der Gestaltungsspielräume, die wir miteinander vier Jahre lang geöffnet hatten. Initiative, Verantwortung, Solidarität und Leistungsbereitschaft waren unsere Orientierungspfeiler. Schulmilchaktion, SchülerInnenzeitung, Zeitgeschichteprojekte und Ausstellungen mit StudentInnen. Das Klassensparbuch wurde dicker, als Abschluss das fliegende Klassenzimmer nach Rom real. Ein Klassenfoto vorm Colosseum, Herumtollen im Tyrrhenischen Meer, Lachstürme über die entstandenen Karikaturen auf der Piazza Navona. Wir haben die vier Jahre genutzt. Die Vorbereitung auf das Leben scheint abgeschlossen. Nur ich musste noch etwas lernen: Dankbarkeit ist eine pädagogische Kategorie.
Der Zeugnistag sollte ein besonderer Tag werden. Seit Wochen füllten sich bei vielen SchülerInnen die Augen immer wieder mit Tränen wider die Unerbittlichkeit des Kalenders. Für den letzten Schultag hatte ich einen Wunsch. Nach besonderen vier Jahren wollte ich, dass meine SchülerInnen ihre letzten Zeugnisse aus meiner Hand nicht in Jeans und T-Shirts erhalten sollten. Am Vortag schrieb ich in großen Lettern „Carpe diem" an die Tafel. Eine Mappe, die ich für das Zeugnis und einen persönlichen Brief an jede SchülerIn vorbereitet hatte, trug denselben Schriftzug.
Mit Anzug und Krawatte trat ich am Freitag vor den Ferien das letzte Mal vor meine Klasse. Welch ein Anblick! Meine Kids hatten sich in festliche Kleidung geschmissen. Wie viele Väter mich wohl für das Krawattenbinden bei ihren Söhnen noch verfluchen?
Teilweise gerötete Augen, ein Schniefen da und dort, aber ich wollte keine Trauerstimmung aufkommen lassen. Nur das

kräftig geplante „Guten Morgen“ fiel auch bei mir schwächer aus. Beim Rückblick auf die vergangenen Jahre wurde meine Stimme zusehends brüchiger. Die Zeugnisverteilung rettete mich vor einem emotionalen Ausbruch. Auch wenn dabei ganz persönliche Momente waren, fanden sie doch „auf der Bühne des Amtshandelns“ statt.

Ich wollte mit meinem Programm fortfahren, als sich unangekündigt ein Schüler erhob, der viele Problemsituationen in den Jahren zuvor zu meistern hatte. Das Knarren des zurückgeschobenen Stuhls war die Einleitung eines Geschehens, an das ich mich heute noch mit Herzklopfen und Gänsehaut erinnere: „Herr Bulant, Sie haben Ihr Zeugnis noch nicht erhalten.“ Dann setzte er einen Fuß auf seinen Stuhl und stieg weiter auf den Tisch hinauf. Oben angelangt, verlautete er selbstbewusst und freudig erregt: „Ich danke dir. Captain, mein Captain.“

Der Club der toten Dichter und seine emotionalste Szene wiederholten sich nun in meinem Klassenzimmer. Mädchen wie Buben stiegen auf die Tische. Einer nach dem anderen, manche klar, manche unter Tränen, gaben mir ein unvergessliches Feedback: „Danke. Captain, mein Captain.“ Mein Blick wanderte von einem zum anderen. Stolz und dankbar schaute ich nach oben zu meinen SchülerInnen. Dabei liefen mir die Tränen in Strömen über die Wangen. Ich weiß heute nicht mehr, ob ich ihnen zunickte oder es mich aufgrund der Rührung einfach nur schüttelte. Als die „harten“ Jungs meine Tränen sahen, die aus den geröteten Augen in einem total durchnässten Taschentuch kaum Platz fanden, brachen auch bei ihnen alle emotionalen Dämme. Kaum wieder auf dem Klassenboden und in emotionaler Ansprechbarkeit angelangt, versuchte ich meinen Kids nochmals unser Motto mitzugeben: „Carpe

diem. Macht aus eurem Leben etwas ganz Besonderes, wie aus diesem Tag!"
Noch Jahre später kann ich feststellen: Der Vogelschwarm zog nach Süden, die Zukunft im Gepäck. Meine Erinnerungen an einen Sommer blieben, der mir meinen Beruf für ewig zur schönsten Sinnerfüllung machte.

GUNDI HAIGNER

Kooperative Mittelschule mit ökologischem Schwerpunkt
Anton Baumgartnerstraße 119, 1230 Wien

Unterrichtsfach/fächer:
Englisch, Musik, Kreatives Schreiben

Familienbande in 3D

Anstatt zu gehen, wanke ich ins Lehrerzimmer. Niedergedrückt von der Last einer riesigen Einkaufstasche, einer Gitarre, meiner Handtasche und eines *Siebenstünder never enders.* Dazu kommen zwei Gangaufsichten, die mein Gehör vermutlich dauerhaft geschädigt haben. Ganz zu schweigen von meinen Nerven, die ich am Nachmittag wieder in Schokolade baden muss. Das weiß ich jetzt schon.

Nichtsdestotrotz gibt es keine Entschuldigung. Das ist mein Beruf. Ich bin ein Profi mit Erfahrung. Das sage ich mir vor, als ich in der Pause mein Zeug in die 3D trage und den Plan für die Stunde an die Tafel schreibe. Eigentlich dient dieser mehr zu meiner eigenen Orientierung. Da steht:

Lied: These boots are made for walking

Praktisches Musizieren: Die Rhythmusinstrumente

Fakten: Franz Schubert

Schon beim Aufschreiben tut er mir leid, weil er ihnen wie eine Strafe vorkommen wird. *Merkstoff* schreibe ich noch dazu, der darf nicht fehlen. Was an der Tafel steht, ist Fakt und daher meine Rechtfertigung, um jederzeit die anderen Punkte abbrechen zu können und den Punkt *Merkstoff* vorzuziehen. Reine Merkstoffstunden will ich mir noch nicht erlauben. Nicht schon nach sieben Wochen. Neues Schuljahr, neue Schule, neue Schüler, eine einzelne Musikstunde in einer neuen Klasse. Eine letzte Stunde, die *Aufkehrerstunde,* die keiner will und in der man zusätzlich zum Unterrichten dafür verantwortlich ist, die Klasse sauber zu hinterlassen.

Nach sieben Wochen kenne ich ungefähr ein Drittel der 28 Namen: Markus, Viktoria, Angelina, Stefan, Zeynep, Attila, Emily, Susanna, Lea, Dragan, Marcel 1 und 2, Jenny, Nina, Ülkü, Orhan. Hey, das ist ja schon mehr als ein Drittel. Bravo!

Trotzdem hat mich Vesna letzte Stunde angeschnauzt:

„Sie wissen ja nicht einmal, wie ich heiße!"

„Stimmt!", habe ich nur gesagt und mir gedacht: Wo sie Recht hat, hat sie Recht. Außerdem war mir klar, dass sich Jugendliche im Alter von 13 oder 14 Jahren nicht vorstellen können, dass man nach sieben Wochen ihre Namen noch immer nicht im Kopf hat.

Es wird gleich läuten. Mein Puls steigt. Ich stehe da und warte, dass die Schüler der 3D eintrudeln. Ich möchte in der Pause schon in der Klasse sein, um die Stimmung einschätzen zu können. Aber ich verbiete mir noch aus einem anderen Grund, erst mit dem Läuten in die Klasse zu gehen: Es setzt einen Teufelskreis von „Ich will dort nicht hinein" in Gang, den man nur schwer durchbrechen kann, wenn er einmal gezogen ist. Außerdem erlaube ich mir nicht, schlecht vorbereitet in die Klasse zu gehen. Im Gegenteil – ich bin bewaffnet mit Arbeitsblättern, mit einer riesigen Tasche voll gepackt mit Rhythmusinstrumenten und mit meiner Gitarre, auf der ich ein paar fetzige Songs ganz passabel spielen kann.

Noch eines möchte ich klarstellen: Ich möchte kein Mitleid, schon gar nicht, dass jemand über meine Hauptschüler herfällt. Ich möchte einfach nur wissen, wie es geht, das Unterrichten, das eigentlich Überlebenstraining heißen sollte. Ich meine tatsächlich und altmodisch „das Unterrichten". Oder was es sonst ist, das in diesem Jahrhundert gebraucht wird, um nicht nervenschlackernd unterzugehen.

In den letzten Wochen habe ich einige Male überlegt aufzuhören und nur mehr Übersetzungsarbeiten zu machen oder Freewriting-Seminare zu halten. Ich sammle also die letzten Energiekrümel des Tages – in Form eines trotzigen „Ich will aber Lehrerin sein und lasse mich von meinen Schülern nicht so leicht vertreiben".

Inzwischen sind übrigens alle in der Klasse. Es ist laut. Ich sage, ebenfalls laut: „Jeder steht an seinem Platz. Schaut nach vorn. Der Mund ist zu", und hoffe, dass mich die Geduld nicht verlässt, darauf zu warten. Es wird ruhig. Ganz still. Für zwei Sekunden. Ja, einundzwanzig, zweiundzwanzig, genau so lange kann ich zählen, bis es losgeht. Ich weiß nicht, wie sie es machen, aber sie sind offenbar eine so gute Klassengemeinschaft, so eingespielt als Sportklasse, dass sich keiner umzudrehen braucht oder auf ähnlich auffallende Weise ein Zeichen gibt. Ich nehme an, es funktioniert so: Kaum wandert mein Blick weiter, macht einer ts ts oder hüstelt oder zieht Rotz auf oder schnippt, klopft, pfeift. Ich sage: „Setzt euch!", und bin durchaus auf eine Weise beeindruckt. Frank Zappa hätte das sicher gefallen oder Stockhausen oder Cerha. Das ist eine geheime, grafische Notation, die sie da aufführen. Höchst musikalisch. Nur – diese Vorstellung nimmt kein Ende.

„Danke, das kenne ich jetzt schon", sage ich genervt und zeige zur Tafel um mein Programm vorzustellen. „Da müssen wir

heute durch", sage ich, wohl mehr zu mir selbst. Ich beginne mit dem Lied. Ernte Szenenapplaus. Für einen Bruchteil eines Moments merke ich, dass sich ein paar dafür interessieren würden. „Das ist doch das Lied aus der C&A-Werbung." – „Geh, das hat doch die, wie heißt sie, gesungen", höre ich sie munkeln. Aber irgendeine innere Macht verbietet ihnen dran zu bleiben. Markus jault auf: „Mir ist schlecht!" und verschwindet unter dem Tisch.
„Wenn der dort hinkotzt, kotz ich dazu, das sag ich Ihnen gleich", meldet ein Schüler, der vier Plätze weiter hinten sitzt. Der gerade einen Pulloverärmel auszieht, ihn „aufsetzt" und damit aussieht wie ein Schlumpf.
Bevor ich noch Luft holen kann, schreit Dragan: „Ich bin Klassensprecher. Komm Markus, wir gehen raus."
„Ihr bleibt beide da!", sage ich im Befehlston. Markus braucht jedes Mal seinen Auftritt. Viktoria sitzt verkehrt und unterhält sich unverschämt laut mit John. Beide sind gut aussehend und wirken eher wie 17, nicht wie 13.
„Könnt ihr endlich leise sein!", brüllt Angelina.
Da platzt mir der Kragen: „Hör auf damit! Das ist echt das Letzte. Wenn du nicht schreist, schreit eine weniger."
„Na endlich sagt's der einmal ane eine", wirft Jessi aus der letzten Bank ein.
Der Schlumpf kommentiert: „Schleimscheißerin."
Markus: „Mir ist so schlecht." – „Okay, Dragan, geh raus mit ihm."
Ich teile die Blätter mit Bildern von Rhythmusinstrumenten aus. Lasse sie die Begriffe einsetzen, die sie schon kennen. Lege inzwischen die CD ein. Drücke auf „Play". Nichts geschieht. Fast muss ich lachen. Habe ich etwa erwartet, dass in dieser Klasse der CD-Player funktioniert?

„Hauma a Raubkopie g'macht, ha?", meldet Stefan laut, aber das muss ich inzwischen ja nicht mehr dazu sagen, und trottet zum CD-Player. „Ich Fachmann", sagt er, trommelt sich auf die Brust wie ein Gorilla und bringt den Apparat tatsächlich zum Laufen. Die Hörbeispiele hören nicht einmal diejenigen in der ersten Reihe. Ich schalte das Gerät aus, wende mich zur Tafel, mein Blick streift die Uhr. Noch 30 Minuten. Ich schreibe die Namen der Instrumente an die Tafel. Die 3Dora lässt sich davon nicht stören.

„Keiner verlässt den Raum ohne dieses Blatt ausgefüllt zu haben", donnere ich und beginne durch die Reihen zu gehen. „Dominik" hat einer draufgeschrieben. Soviel ich von der Klassenliste weiß, gibt es in der Klasse aber keinen Dominik. Ich bin wieder beim Lehrertisch angelangt und beginne die Rhythmusinstrumente in den Lärm hinein auszupacken. Sie fangen wieder mit ihrem Hüstelkonzert an. Da ist es aus.

Von einem Moment auf den anderen, auch für mich selbst unerwartet schnell und intensiv, stehe ich vor der Klasse, Oberkörper nach vorn gebeugt und schreie mir die Schädeldecke vom Kopf, die dann wie ein UFO durch die 3D segelt, wissend, dass sie den Rest des Tages nicht mehr zurückkehren wird und genauso lange für Stille sorgt, wie ich einundzwanzig sagen kann. Ich ziehe dann also *kopflos* mein Programm durch und irgendwann ist die Stunde aus. Ich packe meine Sachen ein, drücke dem Klassenordner den Besen in die Hand, während die anderen draußen ihre Spindtüren zudreschen.

Was sich die Kollegen in den Nachbarklassen denken, ist mir inzwischen egal. Das sind nicht meine Kinder, also brauche ich mich auch nicht für sie zu schämen. Für ihre Erziehung sind/wären ihre Eltern zuständig, für das Unterrichten ich. Hätte ich zumindest gerne. Wenn ich sie einzeln an meinem

geistigen Auge vorüberziehen lasse, finde ich seltsamerweise jede und jeden sympathisch, aber einzeln wie gesagt oder woanders. Im Kaffeehaus beispielsweise.
Ich bin nicht verzweifelt oder den Tränen nahe. „Leider", schreit es in mir. Denn wenn es mir wenigstens so schlecht ginge, dass ich weinen müsste, hätte ich schon gekündigt. So weiß ich nur: Ich kann nicht mehr. Ich weiß offensichtlich nicht mehr, wie es geht, sie zu packen, zu fesseln. Nach 20 Dienstjahren, die auch nicht ohne Kämpfe abgegangen sind, stehe ich da und habe keine Ahnung, was diese Kinder eigentlich brauchen oder ob ich überhaupt bereit wäre, mich darauf einzustellen.
Marcel 2 kommt auf mich zu: „Haben Sie unsere Klasse noch immer lieber als Gangaufsichten?" – „Ja", sage ich trotzig. Sie gehen nach Hause. Die nächsten Tage haben wir frei. Allerheiligen. Gott sei Dank.
Ich fahre mit meinem Kleinen nach Waidhofen und hoffe, dort Verständnis und Trost zu finden. Wir sitzen in der Küche meiner Mutter. Feiern den Zweier, den mein kleiner Bruder auf die Berufsreifeprüfung in Englisch bekommen hat. Ich habe mit ihm über skype geübt und war beeindruckt vom Niveau seiner Englischkenntnisse. „Das sollte deine Hauptschullehrerin wissen. Ich meine, dass sie nicht umsonst unterrichtet hat", sage ich, die im ersten Dienstjahr selbst seine Lehrerin war, in Musik versteht sich.
„Weißt du noch, wie oft ich beim Direktor stehen musste?", fragt mein kleiner, mittlerweile dreißigjähriger Bruder. „Mein Gott war das schrecklich, wenn ich ins Lehrerzimmer gehen wollte und mein kleiner Bruder vor der Direktionskanzlei gestanden ist", erinnere ich mich. Und muss lachen, kann mir gar nicht mehr vorstellen, wie so ein feiner Kerl zu diesem

„Ehrenplatz“ gekommen ist. Wir reden über unsere Berufe.
„Ich weiß nicht mehr, was ich bin“, sage ich, „so wie ich geschrien hab in der 3D.“
„Ach, die Kindergärtnerinnen haben auch immer wieder ‚So geht das nicht!‘ hineingebrüllt in die Gruppe“, versucht mich Mutter zu trösten.
„Naja, das klingt ja noch halbwegs vernünftig. Ich habe geschrien: ‚Blöde 3D!‘“
„Was?“, jault mein Bruder lachend auf und redet wie ein Papagei: „Blöde 3D, blöde 3D, blöde 3D, das ist aber nicht dein Ernst! Das kannst du doch nicht machen!“ Auch Mutter lacht mit. So laut, dass meine beiden Schwestern samt Nichten und Neffen vom Wohnzimmer in die Küche kommen.
„Was ist denn bei euch los?“, fragen sie erstaunt.
„Die Gundi hat in der Klasse ‚blöde 3D‘ geschrien.“
„Echt? Darfst du das?“, fragt mich meine kleine Nichte und wieder lachen alle.
„Also, wenn ihr's genau wissen wollt, habe ich geschrien: ‚Ich überlege mir jedes Mal aufs Neue, was der 3D gefallen könnte, und ihr seid nur blöd!‘“
Christian äfft mich mit weinerlicher Stimme nach: „Ich überleg mir was – schluchz – und ihr – schluchz.“
„Kannst' eh schon aufhören“, unterbreche ich ihn. „Dass es sich blöd angehört hat, weiß ich selber auch. Nur wie es geht, weiß ich nicht. Und ich rede nicht von: Wie es besser geht, sondern davon wie es überhaupt geht.“
„Na, sing mit ihnen“, sagt der Landmensch.
„Habe ich.“
„Im Frühtau zu Berge wir zieh'n vallera?“, trällert er provokant.
Die Küche bebt, so laut lachen sie alle.
„Nein. These boots are made for walking, gib her die Gitarre.“

Sie sind still. „Gut“, sagt der Schlagzeuger, „daran kann’s also nicht liegen.“
„Wenn Kinder schlimm sind, ist ihnen fad“, meint trocken meine Kindergartenhelferinmutter, die bekannt ist für ihre tausend Ideen pro Sekunde.
„Mehr als für jeden ein Instrument mitzuschleppen, Musik zu hören, zu spielen, zu singen, zu schreiben, fällt mir dann auch nicht mehr ein“, erwidere ich gekränkt. Soviel zu Trost und Verständnis, denke ich insgeheim.
„Lass sie doch Referate halten über ihre Musik.“
„Du musst sie fotografieren, damit du zu Hause ihre Namen lernen kannst.“
Jeder muss seinen Rat loswerden, bis mein Bruder fragt: „Was genau haben sie denn in dieser letzten Stunde gemacht?“ In seiner Stimme schwingt Anteilnahme mit, und so erzähle ich.
„Na gut, dann weiß ich’s auch nicht“, meint er „vielleicht sollte ich wieder einen verprügeln.“
Als ich in Waidhofen an der Ybbs Lehrerin war, hat er, der Antischlägertyp, der Philosoph unter meinen Geschwistern, tatsächlich einen Schüler von mir verprügelt, weil er im Schwimmbad etwas Boshaftes über mich gesagt hat. Es hat sogar geholfen.
„Oder du lässt dir und ihnen mehr Zeit. Ihr werdet euch schon aneinander gewöhnen“, meint er, als ich ihm verbiete, meine Schüler zu verhauen.
„Damals, als du meine Lehrerin warst, war ich auch in einer wilden Dritten, weißt du’s nicht mehr? Nach kurzer Zeit waren wir so begeistert, dass wir am Nachmittag auch noch gekommen sind.“
Nun hagelt es Ratschläge: Von Playback Shows über Musiktests bis zu Zuckerln Austeilen ist alles dabei. Keiner hört zu.

Alle brüllen durcheinander, bis mein Bruder auf den Tisch zu trommeln beginnt und alle mitmachen.
„Eigentlich ist meine Familie ja die beste Schulung für eine 3D“, denke ich.
Vielleicht ist die 3Dora ja auch schrecklich sympathisch und laut, schrecklich liebenswert und chaotisch.
Außerdem gibt es einen wichtigen Unterschied zu meiner Familie: In der 3D werde ich dafür bezahlt, dass ich sie aushalte.

JOHANNES PRESSL

Hauptschule Bad Mitterndorf
8983 Bad Mitterndorf

Unterrichtsfach/fächer:
Deutsch, Musikerziehung,
Geografie und Wirtschaftskunde

Freude statt Stöhnen!

Am Anfang war die Herausforderung: Was schreibt ein Lehrer über Probleme im Schulalltag, wenn es keine Probleme mit Schülern und Eltern gibt? Wo sind die Reibeflächen, die Kraft und Nerven kosten?
Ich habe in den letzten Jahren öfter das Angebot bekommen, in die Privatwirtschaft zu wechseln - ich hätte meinen Lehrberuf an den Nagel hängen können. Finanziell hätte ich es mir zweifellos verbessert, aber das ist nicht mein Ziel. Bei rückwirkender Betrachtung hätte ich zu viel verloren. Ich hätte die Chance verloren, bei jungen Menschen in einer der sensibelsten Altersstufen, nämlich vor und in der Pubertät, etwas bewirken zu können. Damit meine ich jetzt nicht, die klischeehaft oft strapazierten „leuchtenden Kinderaugen", die es in der Form, wie ich sie in den achtziger Jahren kennen gelernt habe, nur noch selten gibt.
Ich meine dieses lebendige, nur manchmal schwierige Kollektiv von Mädchen und Buben, das keinen Tag gleich ist, das mich jeden Tag fordert, mein Auftreten und meinen didakti-

schen Zugang der Situation anzupassen, um somit Bestmögliches zu erreichen.
Wenn es also nicht die „schlimmen" Kinder und „lästigen" Eltern sind (beide Bezeichnungen sind an meiner Schule nicht gerechtfertigt), was ist es dann, was nerven kann? Da gibt es für mich eine eindeutige Antwort: Ein Direktor oder eine Direktorin, der/die an diesem Platz nichts verloren hat, aber aufgrund günstiger Umstände im politischen Mikrokosmos der Gemeinde in diese Position gehievt wurde.
Wenn schon ein Lehrer in seinem Verhalten ein Vorbild für die Kinder sein soll, dann darf man auch verlangen, dass ein Direktor in Bezug auf Fleiß, Charakterstärke und Bemühen über jeden Zweifel erhaben ist. Konkrete Beispiele zeigen, dass dem nicht immer so ist. Ja, es gibt sie, die Lehrer, die als bekennende Minimalisten 20 Jahre am „goldenen Seil" durch die Schule geschwungen sind, um dann nach Einzug in der Direktionskanzlei zu pingeligen Kontrolleuren zu werden, die in kurzer Zeit eine Hierarchie der Freunderlwirtschaft aufziehen und eine Schule lahm legen. Ich selbst habe keinen Direktor aus dieser Kategorie.
Es gibt ein Phänomen, das ich speziell unter Lehrern beobachte, die sich nicht außerschulisch engagieren, ihre pädagogische Tätigkeit wirklich als angenehmen Halbtagsjob sehen, aber jeden Kollegen einem Sperrfeuer von Intrigen ausliefern, der kulturell, sportlich oder im Vereinsleben des Schulortes aktiv ist: Das ist der Neid auf gesellschaftliche Anerkennung. Ja, es gibt sie doch, die KollegInnen, die im Schmollwinkerl zu kleiner Konferenzzimmer auf ihre Pensionierung warten und so manch Motivierten oder Aktiven mit einer Wand aus geflüsterten Intrigen und hinterhältigen Strategien konfrontieren.
Das ist aber jetzt genug gestöhnt! Schließlich muss man sich

Neid erst verdienen – so lautet zumindest ein schwacher Trost. Aber: All das, was man als negativ sehen könnte, wiegt die Freude am Unterrichten nicht auf. Denn das Wichtigste an unserer Arbeit sind die Kinder – und IntrigantInnen gibt es wahrscheinlich auch in Supermärkten, Frisörläden oder Universitätskliniken.

EVELINE HAINDL

unterrichtet an einer Kooperativen Mittelschule in 1200 Wien

Unterrichtsfach/fächer:
Deutsch, Geografie, Biologie, Bildnerische Erziehung

Von Laufmaschen und grauen Haaren

Bereits mit zwölf Jahren wollte ich Lehrerin werden. Mittlerweile kann ich auf 28 Dienstjahre als Hauptschullehrerin zurückblicken. Ob ich bereut habe, diesen Beruf gewählt zu haben? Niemals! Ich gebe aber zu, dass ich oft und mit zunehmendem Alter immer öfter ziemlich geschafft bin, wenn ich das Schulhaus verlasse. Die Belastungen sind groß, denn abgesehen von der Arbeit mit den Schülern (Zehn- bis Fünfzehnjährige und oft auch situationsbedingt ältere Semester) gibt es eine, wie mir scheint, endlose Liste an zu bewältigenden Aufgaben, die den Lehreralltag ausmachen und viel Kraft und Nerven kosten. Oft fehlt mir dann die Energie für „das Leben außerhalb der Schule" – was nicht nur räumlich gemeint ist. Mit Verlassen des Schulgebäudes beginnt ja keinesfalls die Freizeit, wie zumeist behauptet wird. In den eigenen vier Wänden (in der Schule – genauer gesagt im Lehrerzimmer – kann kaum von einem „Arbeitsplatz" gesprochen werden) verbringe ich unzählige Stunden mit Arbeiten für die Schule. Das kann

nicht sein, sagen ungläubig die, die vom Lehrberuf keine Ahnung haben. Das soll – bitte – nicht auch abends und am Wochenende sein, sagt mein Mann, der mich seit Jahren von September oder schon Ende August bis Anfang Juli großteils umgeben von Dingen sieht, die alle irgendwie mit Schule zu tun haben! Und mein Mann hat eine Ahnung, der weiß Bescheid. Er kennt viele meiner Schüler, kennt meine vielen wirklich lieben Kollegen, meine in der letzten Zeit häufig wechselnden Direktorinnen und Direktoren (aber ich halte immer noch tapfer die Stellung) und meinen mir von der Schulbehörde äußerst mickrig eingeräumten „Arbeitsplatz". Jawohl, mein unendlich verständnisvoller und geduldiger Göttergatte, der weiß offensichtlich mehr von meinem Lehrerdasein mit all seinen Facetten, vom derzeitigen Soll- und Istzustand als jene Personen, die dieses Wissen in ihren dafür zuständigen Positionen eigentlich haben sollten.
Der zwischen den Zeilen lesende Nichteingeweihte mag jetzt vielleicht verstanden haben: Der Lehrberuf ist doch nicht so ein lockerer „Job". Recht so – ein bisschen Verständnis von Nichtbetroffenen tut gut, tut sogar sehr gut!
Nun, weshalb ich trotz aller Schwierigkeiten und Widrigkeiten meinen Beruf noch immer mit Freude ausübe? Warum ich gegen Ende der Sommerferien auf die häufig gestellte Frage: „Freust du dich schon auf die Schule?", wahrheitsgetreu mit ja antworte?
Die Antwort ist einfach: Wegen der Schüler und der unzähligen Momente, in denen es so unsagbar „menschelt". Oft sind es Worte und Taten von Kindern oder Jugendlichen, an die ich mich auch noch Jahre später gern erinnere. So auch an viele aus Schülermund entstandene Wortschöpfungen, die an Originalität nur schwer zu überbieten sind.

Ich denke dabei an Kai aus China (Schülerinnen und Schüler mit klassisch österreichischen Namen findet man in meiner Schule in der Wiener Brigittenau nur noch vereinzelt). Einst mit null Deutschkenntnissen neu in meine Klasse gekommen, war er aber bereits nach wenigen Monaten imstande, mir zu sagen, dass er „rückwärtsessen" müsse! Wirklich bemerkenswert! Auch andere Schüler, die anfangs nicht Deutsch konnten, waren bald dazu in der Lage, den Gang zum Klo auf Grund von plötzlicher Übelkeit vorher anzukündigen, allerdings taten sie das meist mit einem mir hastig hingeworfenen „Muss kotzen!". Doch dieses „Rückwärtsessen" hat mich zweifelsohne sehr beeindruckt, zeigte es doch, dass dieser Bub sehr kreativ mit der für ihn ganz neuen Sprache umgehen konnte. Kompliment!

Für immer in Erinnerung bleiben wird mir auch ein ausländischer (und daher außerordentlicher) Schüler in einer ersten Klasse, dessen Vater von Beruf Schuster ist. Da der Bub den Begriff „Hautarzt" nicht kannte, mir aber erzählen wollte, dass er einen solchen aufsuchen müsste, sagte er, er werde wegen seines Hautausschlages zum „Lederdoktor" gehen. Fand ich und finde ich noch immer großartig!

Derselbe Schüler war es auch, der einst sehr gelassen reagierte, als ihn mein Kollege E. während einer Bahnfahrt darauf hinwies, dass es sich gehörte, das leere Jausensackerl in den dafür vorgesehenen Papierkorb zu stecken. Er meinte, in seiner Heimat (nein, ich nenne das Land jetzt *nicht)* würde man so etwas wie ein Papiersackerl – aber auch Bomben – einfach aus dem Fenster des Zuges werfen.

Nicht, dass es an meiner Schule keine Mädchen gäbe, aber es ist wieder eine Wortspende von einem Buben, die mich auch noch nach vielen Jahren zum Schmunzeln bringt. Meine Kol-

legin M., mit der ich in manchen Stunden gemeinsam unterrichte (an dieser Stelle eine Bitte an die dafür zuständigen Damen und Herren: Spart nicht an falscher Stelle – das Teamteaching ist eine Ressource, die Schülern und Lehrern gleichermaßen erhalten bleiben muss!), diese Kollegin also achtet ganz besonders auf ihr Äußeres, und dazu gehört – selbstredend – der regelmäßige Besuch beim Friseur.
Dass so etwas auch den Schülern nicht entgeht, beweist, wie genau sie unsereins beobachten. Kollegin M. erschien also eines Tages mit auffallend frischer Haarfarbe in der ersten Klasse und wurde prompt gefragt, ob sie sich die Haare hatte färben lassen. Sie antwortete scherzend: „Ihr habt mich unlängst derart geärgert, dass ich davon graue Haare bekommen habe! Damit man das nicht sieht, habe ich sie mir färben lassen!" Jemand aus der Klasse wollte daraufhin wissen, was das Wegmachen der grauen Haare denn gekostet hätte. M. hat daraufhin zwar nicht die wahre Summe genannt, jedoch durchblicken lassen, dass ein Friseurbesuch nicht eben billig sei.
Ein paar Tage später in derselben Klasse: Yasin, ein Bub aus der Türkei, für seine zehn Jahre noch recht klein, sodass seine Füße im Sitzen nicht den Boden erreichten und er daher beim Schreiben gerne auf seinen Fersen saß und den Oberkörper über den Tisch lehnte: Immer in Bewegung, immer irgendwo dran, immer die Klappe offen. Aber immer so dreinschauend, dass man ihm nicht böse sein konnte. Deutsch konnte er schon recht gut – Ordnung halten weniger. Dementsprechend war seine Schultasche auch nicht an dem hierfür vorgesehenen Haken an der Breitseite der Schulbank aufgehängt, sondern stand vollgepackt und mit offener Schnalle, neben seinem Sessel. Als Kollegin M. dozierend durch die Klasse schritt und an Yasins Patz vorbeikam, fiel ihr Blick wohl mehr auf Yasins Heft

als auf die offene Tasche am Boden. Kurzum: Sie stolperte über die Schultasche und die Laufmasche in ihren Nylons war perfekt. (Ich muss an dieser Stelle erwähnen, dass es sich bei den Strümpfen mit großer Wahrscheinlichkeit um kein Billigprodukt gehandelt hat – frau wird also sicher verstehen, wie ärgerlich so etwas sein kann). Ich (selbst in laufmaschenresistenten Jeans steckend) sehe beide noch genau vor mir: Meine Kollegin, der es gelang, ein kontrolliertes „Grrrrr" zu murmeln, der man aber deutlich anmerkte, dass es für sie ein Ärgernis war, und der kleine Yasin mit seinen großen Augen unter unendlich langen Wimpern, wie er erst Kollegin M., dann die Laufmasche und dann seine nicht ordnungsgemäß abgestellte Schultasche ansah und schließlich mit großer Überzeugung leise, aber doch deutlich genug sagte: „Nächsten Friseur zahl ich!"

BRIGITTE SAUER

Bundesgymnasium (BG) Klosterneuburg
3400 Klosterneuburg

Unterrichtsfach/fächer:
Deutsch, Geschichte

Ein ganz normaler Tag im Leben der Birgit S.

5.30 Uhr. Verdammter Wecker! Wie ich dieses Geräusch hasse! Jedes Mal habe ich das Gefühl, gerade erst eingeschlafen zu sein. Meistens trifft das ja auch zu. Heute Nacht war es auch wieder halb drei. Aber ich musste die Schularbeiten der Vierten fertig korrigieren, weil ich heute schon wieder mit den nächsten 30 Heften nach Hause komme, was eigentlich gar nicht sein kann, weil die Schülerzahl angeblich auf maximal 25 gesenkt wurde. Aber das ist noch die harmloseste der unzähligen Lügen, die in den Medien verbreitet werden. Schnell ein Glas lauwarmes Wasser, bevor mir wieder, wie meistens, wenn ich an unsere Schulpolitik denke, kotzübel wird, und unter die Dusche. Das warme Wasser tut meinem schmerzenden Rücken gut. Wahrscheinlich wieder Verspannungen vom stundenlangen Sitzen über den Heften. Ich kann mich gar nicht erinnern, wann ich das letzte Mal in den Genuss einer Massage gekommen bin. Dazu fehlt mir, wie zu vielem anderen, ganz einfach die Zeit.

Was soll ich anziehen? Dienstag, das heißt Gangaufsicht in der kalten, zugigen Aula im Erdgeschoß, also etwas Warmes. Die Hose spannt schon wieder etwas mehr! Was hat der Arzt gemeint? Der Stress wäre daran schuld. Wenn der Körper ständig Stresshormone ausschütte, lege er zum Schutz Fettdepots an. Und wie, bitte schön, soll ich meinen Stress in den Griff kriegen? Da müsste ich alles – Kinder, Mann, Haushalt, Schule – hinter mir lassen und mal einige Tage wegfahren. Aber so etwas gibt's nur im Film.
Schnell noch ein wenig Schminke auftragen, um die ersten Falten zu verdecken. Meine Augen werden auch immer schlechter, wahrscheinlich eine Folge des vielen Korrigierens. Es dauert immer länger, die Wimperntusche korrekt aufzutragen, obwohl mein Schminkspiegel eh fünffach vergrößert. Zum Friseur müsst' ich auch schon dringend, aber das geht frühestens in zwei Wochen, wenn die letzte Schularbeit vorbei ist. Schnell ein paar Strähnen am Hinterkopf toupieren, um den Nachwuchs zu verdecken und ab in die Küche Frühstück zubereiten. Hundert routinierte Handgriffe – jeden Tag dieselben, dann noch die Jausenbrote herrichten. Moment, Fräulein Tochter wollte ja heute einen Obstsalat mitnehmen, auch das noch, ich bin eh schon so spät dran!
So, jetzt die anderen wecken und für den Sohnemann und den Göttergatten die Kleider herrichten. Seltsam, dass ein Mann von 48 Jahren unfähig ist zu entscheiden, was er anziehen soll. Wahrscheinlich halten er und seine Arbeitskollegen ihre Taktik, sich für alles Mögliche zu blöd anzustellen, um weiterhin davon verschont zu bleiben, für einen genialen Schachzug. Ich sehe sie vor mir, wie sie sich jeden Montag nach Dienstschluss beim dritten Bier über ihre naiven Ehetrampel amüsieren, die ihre ach so schlauen Tricks nicht durchschauen. Und ich bin

doppelt blöd, denn schließlich habe ich den Durchblick und tu's trotzdem.
Nein, liebes Töchterchen, jetzt ist absolut keine Zeit mehr, deine schwarze Hose zu bügeln, entweder du tust es selbst oder du ziehst etwas anderes an. Fabio, steh endlich auf, wir kommen sonst zu spät! Ja, ich habe gestern noch deine Schultasche eingeräumt und auch im Mitteilungsheft unterschrieben, dass du heute eine Stunde früher aus hast. Super, da geht kein Bus, das heißt, ich muss nach Unterrichtsschluss auf dem schnellsten Weg Richtung Heimat, das bedeutet wahrscheinlich wieder ein Strafmandat mehr.
Ein paar Bissen im Stehen, zu mehr bleibt keine Zeit mehr. Warum fahren heute alle wie die letzten Menschen? Ist Vollmond? Steigt endlich aufs Gas! Müssen die nicht zur Arbeit? Endlich, gerade noch rechtzeitig. Schnell, Meli, dein Zug kommt schon! Natürlich hol ich dich um 15.30 Uhr wieder von hier ab. Tschüs und weiter zur nächsten Station. Dir auch einen schönen Tag, mein Schatz, um 14 Uhr bin ich wieder da. So, jetzt mit Vollgas in die Schule. Wie mir diese Sonntagsfahrer am Dienstagmorgen auf die Nerven gehen! Unbeschreiblich! Jetzt auch noch Stau! Da hilft auch kein Drängeln. Wo ist schon wieder meine Lieblings-CD? Vielleicht können ein paar Takte Roger Hodgson den Tag noch retten. Nur noch fünfzehn Minuten bis Unterrichtsbeginn! Hoffentlich geht sich das noch aus!
Typisch! Immer wenn ich extra viele Hefte zu schleppen habe oder zu spät dran bin, gibt's vor der Schule keinen Parkplatz mehr!
Ja, Janine, dir auch einen guten Morgen. Was soll daran schon gut sein? Stress pur, wie jeden Morgen! Vor der ersten Stunde muss ich unbedingt noch mal aufs Klo. Aber zuerst zum

Kopierer. Na super, da stehen schon fünf nette Kolleginnen. Drei Kopierer für 112 Lehrer sind sowieso ein Witz! Geh nein, das Guthaben auf der Kopierkarte ist zu Ende! Muss das ausgerechnet jetzt sein! Also zurück zum Konferenzzimmer, Geld holen und im Sekretariat eine neue besorgen. Geschätzter Zeitverlust: Drei Minuten. Na toll, wieder anstellen im Kopierkammerl! Jetzt muss ich noch das Klassenbuch auf Vordermann bringen. Kollege M. hat seit sechs Wochen den Stoff nicht eingetragen, also rennen wir ihm wieder einmal mit der Bitte, es nachzuholen, ein paar Pausen lang nach. Die Fehlstunden von letzter Woche muss ich auch noch kontrollieren. Ja, Silvia, ich nehme es mit und teile es in deiner Klasse für dich aus. Es läutet! Jetzt schon? Also auf in die 3A. Ob Kati heute da ist? Guten Morgen, setzt euch, bitte. Natürlich fehlt sie. Hätte ich mir ja denken können. Wahrscheinlich hat sie wieder Angst gehabt zu versagen. Warum sie die Eltern nur so unter Druck setzen! Ich werde sie am Nachmittag anrufen, Gott sei Dank hat sie mir ihre Handynummer gegeben. Hoffentlich ritzt sie sich nicht wieder, ich mach mir echt Sorgen um sie. Ja, ihr könnt noch die Pause zum Durchlesen nützen. Eigentlich müsste ich schon super dringend aufs Klo, aber bitte. So, jetzt schnell ins Konferenzzimmer, die Schularbeitshefte wegpacken, die Sachen für die Vierte holen und hinauf in den zweiten Stock. Es hat schon wieder zur Stunde geläutet. Guten Morgen, meine Lieben! Ich liebe diese Klasse, aber sie ist echt anstrengend. 50 Minuten vollste Konzentration – wie ein Dompteur im Löwenkäfig! Hier ist Schlagfertigkeit gefragt, sonst geht man unter.
Geschafft! Tolle Stunde, hat aber viel Kraft gekostet. Jetzt Gangaufsicht in der saukalten Aula. Ich war noch immer nicht auf dem Klo! Nächste Pause muss ich unbedingt die Schular-

beitsstatistik ausfüllen, sonst vergesse ich's wieder. Nein, mein Lieber, du weißt genau, dass du gegen die Hausordnung verstößt, wenn du in Straßenschuhen herumläufst, also ab zum Direktor! Wenn du wüsstest, wie egal mir persönlich das ist. Ich find's eher lächerlich. Da laufen golfballgroße Lurchkugeln durchs ganze Schulgebäude, durch manche Fenster sieht man vor lauter Dreck nicht mehr ins Freie, auf den Klos stinkt's wie in Bahnhofspissoirs, aber in den Pausen gibt's Terror, wenn einer mit Schuhen herumlatscht. He, ihr zwei, hört sofort auf zu raufen! Nächste Klasse: Sicher zum hundertsten Mal in diesem Schuljahr: Fenster zu! Ihr wisst, dass sie in der Pause geschlossen sein müssen. Heb das sofort auf und schmeiß es in den Mistkübel dort! Nein, hier wird nicht Ball gespielt! Her damit! Jedes Mal dasselbe Programm! Zum Kotzen! Endlich – es läutet. Schnell hinauf und die Sachen für die nächste Stunde holen. Zu dem ganzen Stress kommt nächstes Jahr auch noch die Matura! Ich habe keine Ahnung, wie ich das schaffen soll. Also rein ins Vergnügen! Oder besser gesagt in die 7B. Lasst uns Ibsens Nora interpretieren. Genau betrachtet hatte die es gar nicht so schlecht. Was hat uns eigentlich die Emanzipation gebracht? Ungleich mehr Stress, sonst nix!
War doch 'ne gelungene Stunde! Sonst bin ich meistens Alleinunterhalterin, weil's alle uncool finden mitzutun. Jetzt muss ich aber aufs Klo, weil noch einmal 50 Minuten halt ich nicht mehr durch. Warum sind ausgerechnet jetzt alle besetzt? Gleich läutet's wieder! Egal, es muss sein! Muss halt die Erste fünf Minuten warten. So, jetzt Persönlichkeitswandlung zur Klassenmama und hinein zu meinen Flöhen. Heute gibt's keinen Stoff, sondern Klassenvorstandsstunde. Wir müssen dringend ein Mobbingproblem in den Griff kriegen. Es ist schrecklich, wie gemein Kinder zueinander sein können. Und

die meisten Eltern sind leider zu keinerlei Zusammenarbeit bereit. Was hat Herr P. vorige Woche angesichts des Besuchs der Schulpsychologin gemeint? „Mei Sohn braucht kan Deppndokta!" Reife Leistung! Aber leider verhalten sich viel zu viele Erziehungsberechtigte so. Der Lehrer wird's schon richten. Sie selber haben keine Zeit, sich um ihre lieben Kleinen zu kümmern. Das ist nur eine unnötige Belastung. Man liefert die Kids um 7.15 Uhr ab (früher geht's leider nicht, weil dann das Schultor noch verschlossen ist) und holt sie um 18 Uhr wieder ab. In der Zwischenzeit wurden sie mit Wissen vollgestopft, verköstigt, erzogen, man hat mit ihnen gespielt, geturnt, die Hausübung gemacht und gelernt. Herrlich! Man muss nur noch die Zeit bis zum Niederlegen totschlagen, aber das können PC oder Fernseher übernehmen.
Wir sind also in dieser Stunde nicht wirklich weitergekommen, ich werde wohl einen Elternabend abhalten müssen. Aber wann? Mal sehen, wann ich für meine Kids einen Babysitter kriege. Mein lieber Mann ist schließlich so gut wie nie um diese Zeit da. So, jetzt Sprechstunde. Aber eigentlich kann heute niemand kommen, weil wir übermorgen am Nachmittag Sprechtag haben und deshalb die Sprechstunden in dieser Woche abgesagt sind. Das ist gut so, denn ich muss für morgen noch etwas vorbereiten. Da steht in meiner Klasse spielerisches Lernen auf dem Programm und dafür muss ich noch drei Stationen gestalten. Denkste! Grüß Gott, Frau M. Eigentlich … Also gut, nehmen Sie bitte Platz. Nein, ich habe nicht gewusst, dass sie seit drei Wochen geschieden sind. Deswegen haben also Philipps Leistungen so nachgelassen. Natürlich werde ich mit meinen Kollegen sprechen und um Nachsicht bitten. Ja, ich werde auch Philipp trösten. Guten Tag, Herr K. Ach, Sie wissen, dass in dieser Woche keine Sprechstunden

stattfinden, aber Sie können aus terminlichen Gründen nicht zum Sprechtag kommen? Na, selbstverständlich mach ich da eine Ausnahme! Frechheit siegt. Warum schaffe ich es nie, in solchen Momenten nein zu sagen? Also muss ich morgen schauen, dass ich schon um 7 Uhr in der Schule bin, um die drei Stationen noch vorbereiten zu können.
Endlich Unterrichtsschluss! Jetzt schnell ins Auto und ab Richtung Heimat. Zuerst Marco von der Schule und dann das Fräulein Tochter vom Bahnhof abholen. Hallo, Schatz, was gibt's Neues? Nächsten Montag schon wieder ein Englischtest? Super, das heißt wieder kein Wochenende, sondern volles Lernprogramm! Daneben muss ich noch die Schularbeiten fertig korrigieren. Das wird wieder sehr erholsam. Jetzt noch einkaufen, das muss sich noch ausgehen, bevor Melis Zug kommt. Was soll ich kochen? Hühnerfilets, das geht rasch. Reis habe ich noch von gestern, aber Salat brauche ich. So, nun aber Beeilung, sonst motzt mich Fräulein Tochter wieder an, weil sie zwei Minuten hat warten müssen. Hallo, Mäuschen! Wie war dein Tag? Ja, ich helfe dir beim Problemaufsatz, aber erst am Abend. Hallo Kater, ja, du kriegst auch gleich dein Futter.
So, jetzt sind alle verköstigt, also schnell den Tisch abräumen, Geschirr in den Spüler und dann Marco abprüfen. Schließlich hat er morgen Mathe-Schularbeit.
Endlich! Es nervt unheimlich, mit ihm zu lernen! Warum kann er seine Aggressionen nicht einmal an jemand anderem auslassen? Hier sind dein Dress und deine Schuhe. Beeil dich, wir sind spät dran. Wenn du zu spät zum Training kommst, darfst du am Wochenende wieder nicht spielen.
Gerade noch geschafft! Die nächsten eineinhalb Stunden gehören mir. Also auf ins Kaffeehaus oder zur Kosmetikerin.

Haha! Schön wär's! Stattdessen in Rekordzeit staubsaugen, Bad putzen und bügeln.
Ja, Meli, ich komm gleich, ich hol nur deinen Bruder vom Training ab.
So, wie lautet das Thema für den Problemaufsatz?
Jetzt habe ich eine ganze Stunde mit diesem bescheuerten Aufsatz vertrödelt! Der Herr Kollege könnte sich auch einmal mehr Mühe bei den Themen geben. Ich muss mich beeilen. Erwin kommt gleich, und da muss das Essen fertig sein. Also ab in die Küche!
Hallo, Schatz! Nein, nichts Besonderes und bei dir? So einen Lenz möcht ich auch einmal haben! Und er glaubt echt, dass er im Stress ist.
22 Uhr. Endlich Ruhe! Marco schläft hoffentlich schon, Meli vergräbt sich in ihrem Zimmer, und mein lieber Göttergatte schnarcht vorm Fernseher. Ich bin todmüde, würde auch gern schlafen, aber auf mich warten noch 30 Hefte! Das bedeutet Nachtschicht.
1.30 Uhr. Ich kann nicht mehr. Die Buchstaben verschwimmen mir bereits vor den Augen. Ich muss Schluss machen, sonst übersehe ich noch Fehler. Also unter die Dusche und ab ins Bett!
5.30 Uhr. Verdammter Wecker! Wie ich dieses Geräusch hasse! Ich hab mich doch gerade erst hingelegt …

ERNA STADLER

Höhere Bundeslehranstalt und
Bundesfachschule für wirtschaftliche Berufe
Braunau 5280 Braunau am Inn

Unterrichtsfach/fächer:
Deutsch, Englisch

Wechselseitige Befruchtungen

Wieder ein Schuljahr geschafft, diesmal war es das fünfundzwanzigste. Wie fühlt man sich also nach einem Vierteljahrhundert pädagogischer Tätigkeit? Jedenfalls nicht wie nach zwölfeinhalb Jahren, denn Unterrichten ist vieles, bloß kein Halbtagsjob. Dennoch ist es ein Geschenk, so viel Jugend um sich zu haben und Einfluss zu nehmen auf Entwicklungen.

Unmittelbar nach Schulschluss, nach Matura, Klassenvorstandstätigkeiten und Verwaltungsarbeit ist da allerdings ein Bedürfnis nach Ruhe, zumindest kurzfristig, und danach stellt sich erfahrungsgemäß Reiselust ein. Das Fernweh wird im August befriedigt, Schottland enttäuscht einen Englischlehrer nie, diesmal aber den größeren Koffer mitnehmen, die Jagd nach Unterrichtsmaterial zählt zu den Urtrieben des Lehrers.

Vorerst steht allerdings Putzen auf dem Programm. Klingt langweilig, ist aber ein probates Mittel, um die eigene Mitte wiederzufinden, ich hab's ausprobiert. Voraussetzung: völliger Medien- und Telekommunikationsverzicht, also Informationssperre total mit einer Höchstdauer von etwa einer Woche, dann zurück in die Gesellschaft, ansonsten winkt eine leichte bis mittelschwere Depression.

Was geht einem also durch den Kopf, während man Küchenschränke ausräumt, aufwischt, neue Ordnung schafft? Haben die Schüler sich verändert? Ist ihnen überhaupt noch etwas beizubringen?

Ja und ja. Als Deutschlehrerin, die Spaß daran hat, die Alltagssprache nicht immer nur aus Hauptsätzen und Imperativen bestehen zu lassen, muss man schon auf so manche Frage von Schülerseite gefasst sein. Da entstehen Dialoge wie:

„Frau Stadler, ich muss Sie etwas fragen. Strengt Sie das eigentlich an, immer in so komplizierten Sätzen zu sprechen und so viele Fremdwörter zu verwenden?"

„Na ja, es ist anstrengender als zu Hause im Dialekt zu reden, aber ich mag es, dass ich beides kann. Ich versuche einfach, hier vor euch auch Wörter zu verwenden, die ihr möglicherweise noch nie gehört habt und erkläre die dann auch, weil es gelegentlich immer noch Schüler gibt, die ihren Wortschatz erweitern wollen, für die ist dieses Angebot gedacht. Wenn ich also sage, dies oder das interessiert mich überhaupt nicht, kann ich auch sagen, dass es mich nicht einmal am Rande interessiert oder nicht einmal peripher.

Ich kann euch auch immer wieder einmal erklären, wo ein Wort herkommt, denn Wörter haben auch eine Geschichte, und wenn man weiß, dass Orientierung nichts mit dem Ohr zu tun hat, dann schreibt man es hoffentlich auch nicht mit ‚h'. Und wenn euch das alles nicht berührt, dann könnt ihr sagen, es tangiert euch nicht. Man könnte doch einfach zur Abwechslung einmal sagen: Das tangiert mich nicht, anstatt das geht mir am Arsch vorbei. Ich meine, das könnte man doch, oder?"

Je nach Klasse weiß man dann auch in etwa, wo der nächste Einwand herkommt, im Fall der 2C aus der dritten Reihe, zweiter Platz von links außen, Alexandra. Sie meint, wenn sie sich ärgere, sei keine Zeit zum Formulieren, dann müsse die Antwort spontan kommen, nur so könne sie ihre Gefühle rüberbringen. Ich stimme ihr zu, schlage aber vor, sie möge doch einmal in einer emotional nicht aufgeladenen Situation versuchen, ihre Sprache als Spielmittel zu verwenden. Alexandra ließ uns wissen, sie werde es sich überlegen.
Immerhin, ein kleiner Lichtstrahl am manchmal eher finsteren Lehrerhimmel. Aber es gibt auch mitunter richtige Erlebnisse von Mitternachtssonne, wenn Verena in der 2B ganz vorne rechts vermeldet: „I find des geil, wia Sie redn, des mechad i a kina." So ein Satz entschädigt ungemein und einigermaßen nachhaltig, man kriegt ihn nur leider nicht alle Tage zu hören, denn mühsam ernährt sich das Eichhörnchen von harten Früchten und es ist besser als nichts, wenn eine konjunktivische Umschreibung mit würde daherkommt als: Selbst wenn ich die Hausübung hätte, würde ich Sie Ihnen nicht zeigen.
Das Putzen zeigt Mitte der ersten Ferienwoche bereits erfreuliche Ergebnisse. Küche und Bad erstrahlen inzwischen in neuem Glanz, das Wohnzimmer bedarf noch einiger Mühe, aber die Woche ist schließlich noch nicht vorbei. Sich einmal über längere Zeit ungestört in Selbstgespräche und Reflexionen verlieren zu dürfen, bringt es auch.
Zwischendurch frage ich mich sogar, warum ich eigentlich Lehrerin geworden bin: Wahrscheinlich weil ich bisher nichts gefunden habe, was ich lieber täte als unterrichten. Das langwierige Korrigieren von Arbeiten, insbesondere bei zwei Sprachfächern, zählt tatsächlich eher zu den Schattenseiten der Profession.

Schade nur, dass die Jugendlichen Sprache in erster Linie von Frauen vermittelt bekommen, ein ausgewogeneres Verhältnis der Geschlechter wäre hier zu begrüßen, wie ich meine. Die männlichen Sprachlehrer-Kollegen scheinen mir allerdings schön langsam vom Aussterben bedroht. Zumindest an unserer Schule wildert nur mehr ein Exemplar der Spezies Mann in dieser Frauendomäne, aber der hat wenigstens Verständnis für kreative Sprachprodukte und bringt Anerkennung auf für so etwas wie Zuwachs an Wortschatz und pointiert gesetzte Repliken.

Den Kollegen aus den „Zahlenfächern" lassen derartige Entwicklungen nicht immer das Lehrerherz höher schlagen. Da holte doch glatt vor Schulschluss der Klassenvorstand der 2C meine Meinung ein, ob er für folgenden Vorfall eine Verhaltensnote beantragen solle: Er habe in seiner Klasse unvorsichtigerweise verlauten lassen, er finde Frauen mit Tätowierungen unerotisch. Warum er sich unbehaglich mit dem Antrag fühle, sei die Tatsache, dass manche Kollegen sich dann vielleicht fragen würden, wieso er in seinem Unterricht auf so ein Thema komme. Diese Information wurde mir leider auch vorenthalten, nicht aber die Äußerung der Verhaltensnoten-Anwärterin, eines eher wortkargen, im Knöchelbereich tätowierten Mädchens, das ihm zu verstehen gab: „Das macht nichts, denn Sie tangieren meine erotische Orientierung auch nicht einmal peripher." Der Antrag wurde nicht gestellt. Ich weiß nicht, ob meine Vorab-Information, ich würde aus Sprachlehrersicht dagegen stimmen, etwas damit zu tun hat. Eines ist jedoch sicher: So macht man sich als Schüler bei Deutschlehrern einen Namen, wird geradezu unsterblich.

Schon fast eine Woche Ferien, die Ruhe- und Putztherapie hat wieder gewirkt, die Wohnung verträgt Besucher, Ö1 ist wieder

willkommen und das Handy wird wieder eingeschaltet: Hilfe! Zahlreiche fehlgeschlagene Versuche der Kontaktaufnahme von Seiten meiner Schwägerin Hannelore, die meiner Sprachbox anvertraute, sie wolle am Abend wieder anrufen. Das klingt nach Ärger. Dass sie keine Gelegenheit auslässt, Lehrer als Halbtagsjobber zu bezeichnen und ihnen ihre Ferien neidet, wurmt mich seit jeher und dass ich ausgerechnet an der Schule unterrichte, die sie geschmissen hat, verbessert unser Verhältnis auch nicht gerade. Seit ihrem unfreiwilligen Schulabbruch zwei Jahre vor der Matura, den selbstverständlich ein halbes Kollegium unfähiger Pauker zu verantworten hat, dem es nicht gelingen wollte, sie ausreichend zu motivieren, lebt sie nach dem Prinzip: Man hat im Leben das, was man sich nimmt! Ein Job musste es nicht gerade sein, Arzt-Mann und Kind sollten genügen. Neuerdings konzentriert sich ihr Zorn allerdings eher auf Krankenschwestern, insbesondere auf die Schlampe Bettina, mit der sie ihr Mann seit einem halben Jahr betrügt.
Um 19.45 Uhr klingelt das Telefon mit unheilschwangerem Unterton. Es ist Hannelore, die wie üblich keine Zeit mit Smalltalk oder der Nachfrage nach Befindlichkeiten verschwendet, sondern sogleich vorwurfsvoll hinterfragt, warum ich denn nicht zu erreichen sei, immerhin seien Ferien und ich hätte mich schon in der Karwoche geziert, mit meinem Neffen Pascal das Schreiben von Aufsätzen zu üben, wo er doch jetzt die Berufsreifeprüfung anstrebe und neben seinem Ganztagsjob auch noch solch entbehrliche Fertigkeiten trainieren solle wie logisches Argumentieren in weitgehend korrektem Deutsch. Ich höre noch eine Weile zu, gebe mein Vorhaben bekannt, demnächst eine Reise nach Schottland antreten zu wollen, die noch einiger Vorbereitungen bedürfe,

lasse dem Neffen die besten Wünsche ausrichten, mir Egoismus vorwerfen, nenne ein renommiertes Nachhilfeinstitut und dessen Tarife und höre zuletzt die Worte: „Das merk ich mir!“ – „Von mir aus“, sage ich und lege auf.
Hinterher regt sich denn doch die Wut über derartige Anfeindungen. Ich hätte es eigentlich besser wissen und auf meine Schülerin Alexandra aus der dritten Reihe hören und meine Wut direkt, unverblümt, unter Verwendung von in der Schule verpönten Wörtern und somit für die Adressatin klar verständlich artikulieren sollen. Nächstes Mal, wenn ich sie sehe, die gute, alte Hannelore, werde ich die Methode Alexandra anwenden, und zwar richtig. Vielleicht.
Ich fürchte, ich muss von meinen Schülern noch viel lernen.

WALTRAUD KÖBERL

Bezirksschulrat Gröbming

Aufgabengebiet: Mit den Agenden einer Bezirksschulinspektorin betraut

Lebensraum Schule

Der Lebensraum Schule ist für das Gelingen von Bildung von zentraler Bedeutung. Nur wo das Zusammenleben funktioniert, kann für das Leben gelernt werden.

Diese Gedanken begleiten mich immer wieder in meinem beruflichen, aber auch im privaten Leben. Seit 1. Januar 2010 bin ich mit den Agenden einer Bezirksschulinspektorin betraut, und wieder bewahrheitet sich mein Leitsatz, den ich schon in meinen ersten Dienstjahren (und die liegen nun immerhin 25 Jahre zurück) von meinen vielen weisen und mir stets wohlwollenden Wegbegleitern zu hören bekam.
Nur war mir zu Beginn meiner Laufbahn noch nicht die volle Bandbreite an Herausforderungen bewusst, die der Lebensraum Schule in sich birgt. Nach Abschluss der Lehramtsprüfung war ich zuallererst einmal erleichtert und glücklich, dass ich dieses Lebensziel – unter privat schwierigsten Bedingungen – erreicht hatte.

Nun war ich also Lehrerin und das mit Herz und Seele, war voller Tatendrang. Aber in dem Moment, wo ich all meine Vorhaben in die Praxis umzusetzen versuchte, ging es schon los mit dem Stöhnen. Wobei nicht nur ich stöhnte. Denn der Lebensraum Schule ist nun einmal ein Kollektiv von Menschen verschiedener Generationen, ein Pool an Meinungen, Möglichkeiten und gesetzten Grenzen. An die man beispielsweise sehr schnell stößt, wenn man Klassenräume kindgerecht gestalten will oder neue Unterrichtsmethoden ausprobieren möchte. Oder wenn man für die Kinder anschauliche Arbeitsmaterialien beschaffen möchte – nach Möglichkeit über Sponsoren – und immer wieder zu hören bekommt: Kein Budget, kein Geld. Einwände werden leider ebenfalls schnell laut, wenn man bestimmte Experten oder die Eltern in den Schulalltag einbinden möchte. Dann wird kräftig durchgeatmet, gleichzeitig auch versucht, das Beste aus der Situation herauszuholen.
Meine Schulleiter und meine Familie – ich war während meines Studiums schon Mutter einer zweijährigen Tochter –, haben zwar manchmal leise mitgestöhnt, mich aber stets nach Kräften unterstützt und motiviert durchzuhalten. Und mit jeder neuen Herausforderung wurde das Stöhnen leiser. Oder war es nicht schon ein erleichtertes Seufzen?
Als ich in den Jahren 2005 bis 2010 selbst die Leitung der Volksschule Altaussee übernahm, waren es wieder genau die gleichen Leitgedanken, die ich in den Mittelpunkt meiner Tätigkeit stellte: Lebensraum Schule, gutes Arbeitsklima, konstruktives Miteinander. Und abermals begann das Stöhnen, wenngleich thematisch nun etwas anders gelagert: Das Schulbudget ist überzogen! Wozu dieser Aufwand? Als Direktorin brauchst du noch eine zusätzliche Ausbildung? SAP? Verwaltung ist wichtig! Das haben wir noch nie gemacht! In der

Schule wohlfühlen? Da soll man doch was lernen – und noch dazu fürs Leben!
Mit jedem Erfolgserlebnis wurde das Stöhnen allerdings leiser. Schüler, Lehrer und sogar Eltern zeigten sich zusehends zufrieden! Ein entspanntes, von gegenseitigem Respekt geprägtes Arbeitsklima spornte uns alle zu Höchstleistungen an. Dass zwischenzeitlich natürlich trotzdem kräftig gestöhnt wurde, ist menschlich und sollte in einem gut funktionierenden Team auch seinen Platz haben.
Denn wir alle, Kinder wie Erwachsene brauchen herausfordernde Aufgaben, an denen wir wachsen können. Für mich persönlich ist dies zurzeit, wie eingangs erwähnt, das Amt der Bezirksschulinspektorin. Eine Aufgabe, die an mich herangetragen wurde und mit der ich nicht unmittelbar gerechnet habe. In jedem Fall ist es aber eine Herausforderung, die mich Tag für Tag in Atem hält.
Kurzum: Auch heute ist mein Stöhnen nicht zu überhören. Es gründet aber nicht im Mehraufwand der Verwaltung oder in der längeren Dienstzeit oder den kürzeren Ferien. Meine zum Ausdruck gebrachten Bedenken basieren viel eher im Wissen, dass ein Kind oder ein Erwachsener, der ständig Angst haben muss, in seiner sozialen Würde angegriffen und gedemütigt zu werden, nicht die volle Kraft besitzt, sich auf eine Aufgabenbewältigung konzentrieren zu können.
Und so schließt sich wieder der Kreis zu meinem lebenslangen Leitmotiv: Nur ein gewaltfreier Umgang unter den Menschen und respektvolle Gespräche sind die Basis für ein gelingendes Miteinander. Wir alle sind hierfür verantwortlich. Und ich würde mir wünschen, dass immer mehr Menschen in diesen hoffnungsvollen Kanon einstimmen.

INGRID FRÜHAUF

Volksschule 2 Ried im Innkreis
Waldmüllerstraße 6, 4910 Ried im Innkreis

Unterrichtsfach/fächer: Religion

Expedition Schule
oder
Warum war Maria im Gefängnis?

Jedes Jahr aufs Neue überlege ich mir, wohin die Reise heuer gehen soll. Das heißt: Ich erstelle eine Jahresplanung, wobei wohlüberlegt eingeteilt wird, welche Etappe zu welchem Zeitpunkt bewältigt sein soll.

Doch erstens kommt es anders, zweitens als man/Lehrerin denkt.

Expedition Schule: Gut vorbereitet, mit üppig gepackter Schultasche und meist mit einem Korb voll unterschiedlichen Materials, mache ich mich jeden Morgen auf den Weg. Es ist immer wieder aufregend, was der neue Schultag bringen wird. Fraglich ist auch stets, ob ich dazu kommen werde, meine umfangreichen Utensilien auszupacken, geschweige denn ob genügend Zeit sein wird, sie auch zu verwenden.

In unregelmäßigen Abständen wird die jährliche Reise nämlich durch mehr oder weniger geplante Zwischenstopps unterbrochen. Um nur einige zu nennen: Elternsprechtage, schulärztliche Untersuchungen, Besuch vom örtlichen Sparkassenleiter, Wandertage, Teilnahme an sportlichen Wettbewerben, Theateraufführungen, Projekttage, Umbauten am Schulgebäude, Lehrausgänge und religiöse Übungen. Sollte Ihnen letzterer Begriff nicht unbedingt geläufig sein, möchte ich zu Ihrer Beruhigung ergänzend anmerken, dass religiöse Übungen absolut nichts mit etwaigen zwielichtigen okkulten Praktiken zu tun haben. Es handelt sich vielmehr um die schulinterne Bezeichnung für alle Feiern, die mit Kirche und Religion in Zusammenhang stehen. Also beispielsweise Eröffnungs-, Weihnachts-, Oster- oder Schlussgottesdienste, Adventkranzsegnung, Buß- und Beichttage. Mit anderen Worten: All dies und vieles mehr wie beispielsweise der eine oder andere verhaltensoriginelle Schüler machen ein Schuljahr erst so richtig spannend.

Übrigens: Habe ich schon erwähnt, dass ich ein Auslaufmodell bin? Ein Exemplar einer immer rarer werdenden Gattung? Ich bin Religionslehrerin, oder wie man heutzutage korrekt sagt, diplomierte Religionspädagogin. Von dieser Berufsgruppe wird heutzutage vor allem erwartet, den Kindern beizubringen, was sich im Allgemeinen gehört oder nicht gehört. Daneben gilt es, im stressigen Unterrichtsalltag eine Art Wellnessstunde zu bieten. Außerdem erkläre ich meinen Schülerinnen und Schülern Glaubensdinge, hinter denen manche ihrer Eltern zwar nicht so recht stehen, die aber ihr Kind – aus oben genannten Gründen – dennoch zum Religionsunterricht angemeldet haben. Umso mehr berührt mich die Erfahrung, dass die Kinder für diese Themen generell sehr offen sind.

Deshalb ist es mir als verantwortliche Lehrerin auch immer ein spezielles Anliegen, dass meine Schülerinnen und Schüler wissen, warum sie frei haben, wenn sie frei haben. Alles klar?

Nehmen wir zum Beispiel einmal an, es ist wenige Wochen vor Weihnachten und im häuslichen Umfeld herrscht entsprechende Hektik. Schließlich ist dies die sogenannte „stillste Zeit im Jahr“ und eines der größten christlichen Feste steht unmittelbar bevor. Die meisten Mamas, Papas, Omas, Opas und so gut wie alle Tanten sind höchst beschäftigt mit der Frage: Was und wie viel kaufe ich heuer für wen und wo?
In der Schule zelebrieren wir Lehrerinnen den Advent geradezu mit allen Sinnen. Wir entzünden Kerzen, singen, lesen Geschichten vor, backen Kekse und üben mit den Kindern ein herzergreifendes Krippenspiel, das den Eltern – die sich dafür extra einen Vormittag frei nehmen müssen – auch vorgeführt wird. Im Religionsunterricht erzähle ich den Kindern, wie der Engel die heilige Maria besuchte und was der heilige Josef davon hielt. Und man kann immer wieder nur betonen: Gott sei Dank war er für damalige Zeiten sehr fortschrittlich und hielt vorbildlich zu seiner „Patchworkfamilie“.
Und so sicher wie das Amen im Gebet – und etwas störend in diesem sensitiven Gefüge – taucht jedes Jahr zu dieser Zeit ein Feiertag auf. Bis heute habe ich noch nicht mit letzter Sicherheit herausfinden können, warum just dieses Datum so absolut wichtig ist. Egal, ich muss mich damit abfinden, schließlich ist es ein schulfreier Tag und ich fühle mich bemüßigt, meinen SchülerInnen klar zu machen, warum dies der Fall ist.
Dementsprechend versuche ich meinen Schulkindern zu erklären, warum Maria, die logischerweise jedes Jahr um diese Zeit aufs Neue hochschwanger ist, weil schließlich die Geburt Jesu unmittelbar bevorsteht, plötzlich unbefleckt empfangen wird. Da ich natürlich nicht wissen kann, wie das vor über 2000 Jahren funktioniert hat, wähle ich zumeist folgendes Erklärungsmodell: Der liebe Joachim schaute seine liebe Frau

Anna so hingebungsvoll an, dass sich auf einmal in deren Bauch ein Baby namens Maria befand.
Auch dieses Mal zeigen sich meine aufgeklärten Schüler mehr als irritiert: Glaubt das unsere Religionslehrerin wirklich? Da nenne ich noch den Namen des Feiertags, damit nicht wieder jemand auf die logisch nachvollziehbare Idee kommt, wir hätten deswegen frei, weil „Zwickeltag", also ein Fenstertag sei. Somit aufgepasst, liebe Schülerinnen und Schüler (die werten Leserinnen und Leser ahnen es ja bereits richtig): Es handelt sich um den 8. Dezember, also um Maria Empfängnis.
Auf diese Offenbarung hin meldet sich aus der letzten Bankreihe ein Schüler, just einer von der verhaltensoriginellen Sorte. Er war wohl gerade anderweitig beschäftigt und hatte nicht so genau hingehört. Irgendwie dürfte er meine letzten Worte jedoch aufgeschnappt haben und will auf der Stelle wissen: „Warum war Maria im Gefängnis?"
Gefangen im eigenen Erklärungsnotstand gebe ich auf und wir üben zur Ablenkung die Lieder für den Weihnachtsgottesdienst.

EDELTRAUD WIESMAYR

Hauptschule
Schererstraße 6, 4840 Vöcklabruck

Unterrichtsfach/fächer:
Englisch, Musikerziehung

sie tun nichts

BILD 1

sie tun nicht tun nichts stehen auf zeitgerecht punktgenau nein viertelstunden vor beginn – frau lehrerin ich brauche können sie mir hallo ich muss – aber sie tun nichts diese nichtsnutze und dauerferialarbeiter und beginnen ja sie kommen mit taschen behangen einem stoß heften unter dem arm zu schwer kannst du sie tragen und erzähl erzähl doch von deinem wochenende warst du mit mama nein keine zeit gehabt das ist aber schade hat sie gearbeitet nein nicht zu hause du warst bei papa ach so hat der habt ihr gemeinsam das versteh ich nicht – die tun nichts na so was nicht mit dir und schauen nicht du hast doch hoffentlich deine hausübung du weißt schon die phrases vom mittwoch nein wieder nicht weil mama nicht und die unterschrift auch nicht du sag ihr bitte sag's ihr sie muss leg das heft zurecht so dass sie es nicht übersehen kann dann wenn sie heimkommt ja ich weiß schon dass es spät ist immer spät ich brauche die unterschrift trotzdem bitte gib noch einmal dein mitteilungsheft her ich ersuche sie noch-

mals und jetzt hello good morning who's absent oh nice to see you fine again
ja danke für die bestätigung von dr. stern schon recht donnerstag freitag ich trag's gleich ein do you feel alright please hand out your homework oh no sag ja nicht schon wieder du hättest vergessen die aufgabe nicht mehr gewusst die seite but call your friend das müsstest du doch längst wissen good morning yes oh the bus was late wie gibt's denn das bei diesem schönen wetter take your seat and form a sentence starting with today – ja mit heute schreib auf was du heute schon gemacht hast was du heute noch vorhast fix geplant going to form natürlich habe ich auch etwas vor na klar weiß ich genau was ich mit euch machen werde schritt für schritt durchdacht und auch aufgelistet here in my book you know I'm doing my homework natürlich spätestens am sonntag nachmittag oder auch abends wenn ihr längst als couchpotatoes vor dem fernseher lungert oder wieder einmal computer spielt
wie? du bist trotzdem müde hast du zu lange – ah papa war nicht zu hause und du hast's übersehen kind – try to do it yourself das müsste ein vierzehnjähriger können oder hast du keinen wecker wieso einfach verschlafen ich kann's nicht verstehen kauf dir doch einen what's wecker in english
also ich brauch deine mama please write the sentences into your notebook und ich checke die homework das sind längst nicht alle who has forgotten noch eine chance eine letzte schließlich bis morgen ich ergänze die liste now answer the questions – ihr solltet antworten nur ja keine fragen mehr – die glocke drängt zu einem wechsel wechsel in klassen wechsel der sachen wechsel der schüler hefte holen dazu tasche mit kleinkram in der ersten arbeite ich anders freiarbeitsmaterialien ich schiebe mich durchs konferenzzimmer guten morgen

alles klar – was wen soll ich anrufen ich danke ja die nummer auf meinem platz english theatre und bestellen des busses – nein danke kein neues programmheft wir sind schon verplant melden sie sich nächstes jahr wieder
ich ergänze meine merkliste darauf den namen von anna die heute nichts da hatte und dominik der zu spät kam ja heute schon wieder ich kann es nicht fassen frau falkner sie müssen kommen tut mir leid wann können sie müssen natürlich müssen sie sich frei machen ich nehme mir auch zeit ich verstehe ja aber ihr kind

BILD 2

stell dir vor robert hat in mathe nur einen von fünfzig das ist nicht zu fassen ein punkt von fünfzig nichts gelernt oder was soll das – benachrichtigen meinst du vorwarnung dringend – bitte nicht jetzt ich muss die mutter von anna so schwer erreichbar anrufen mailbox kannst du das esref und benjamin geben kannst du helma sagen dass – guten morgen herr direktor – wie – er schenkt mir kein lächeln was hab ich verbrochen später bitte sag es mir später
die pause hat nur fünf minuten und schlägt wie wild um sich möchte alles auf einmal die flasche wasser steht fest zugeschraubt hilfe mich dürstet keine zeit sie zu öffnen – nein frau neubauer ist nicht da klopf nächstes mal etwas sanfter ich schau gleich auf dem stundenplan nach – wo ist kollege franz verflixt das WC ich muss es verschieben – I'm singing in the rain – die luft ist stickig und das zwerchfell drückt ich ziehe die hose zurecht auf in den neubau zweiter stock links gesetz ist gesetz und die würde ist eine andere stramm stehen und nicht dran denken

nein kinder ihr sollt jetzt denken und kombinieren reagieren und schlüsse ziehen – auf das WC warum ich nicht keine minute darf nicht einmal schnell darf wenn da was geschähe oh gott diese presse schülerin verletzt weil lehrerin klogang nicht drosseln kann drum kann sie kann ich und lasse mich hinreißen zu klatschübungen und lalala und atmen tief atmen spür deinen bauch nein keine schulter heben warum machst du den mund nicht auf – ah ich seh schon der kaugummi der stört klar du kennst doch hausordnung bitte schnell geh zum kübel und spuck kannst nicht verschluckt na mahlzeit und dein leiberl jenny ich sag lieber nichts aber dein leiberl erzählt die geschichte vom gesamten wochenende nein nicht reden du brauchst nichts sagen ich kann es ablesen aber bitte stefan sei so nett wasch dir die hände schau dort ist die seife mach's gründlich natürlich in allen kulturen musik – es war einmal ein wasserhahn der tropfte pausenlos – gibt es überall – und gewaschene hände auch das kannst auch du duschen und waschen dabei lässt sich gut singen in allerweltsprachen hello bonjour welcome buenos dias
ich glaub es der tag hat begonnen und strotzt vor leben
warum rempelst du ihn komm dreh den kopf nach vor was hat er getan deine hand bitte nimm den stift in deine hand los das heft auf den tisch ah mahlzeit gummibärli für den kleinen schon hungrig mein junge gib her bitte mit lineal unterstreichen und dann – I'm singing in the rain – weil der druck ja der druck nein nicht der schreibdruck auch nicht der druck deiner lehrerin sondern der unüberhörbare zwang in sekundenschnelle das klassenzimmer verlassen zu müssen wird immer größer – noch drei minuten – sprecht deutlich nach erman sag schon wie heißt regen auf türkisch – I'm singing in the rain – ja gleich kann der regen fallen

BILD 3

nein jetzt keine fragen mehr tut mir leid – pause – richtet eure sachen her entspannt euch – jetzt könnt ihr tratschen – natürlich brauche ich auch einen moment nein nicht nur zum durchatmen

ja das kannst du mich nachher fragen das formular bringe ich dir morgen mit und die unterschrift zeigst du mir später – ja und das mit dem herrn direktor werde ich in meiner freistunde erledigen – bitte lass mich vorbei einen schritt bitte zur seite guten morgen hallo nein ich bin etwas in eile sprich mit deinem klassenvorstand darüber ich muss jetzt schnell schultasche in die ecke schleudern klotüre aufreißen due cabinetti der wasserhahn tropft oh gott alles besetzt das kann doch nicht wahr sein wer reicht mir papier durch – schon wieder – schulwarte vergessen zu viel – die stimme von maria – müssen alle zwanzig frauen wie ich bitte schnell öffnen

ach höre ich richtig du bist's ruft maria ich muss dir was sagen – wartest du auf mich klopapier bitte – ich habe nein ich muss erst wart bis ich sitze dann können wir reden

und über die wände hinweg tauschen wir aus sie und sie und sie frauen unter frauen nichts ist privat alles ist schule – auch wenn helga heute traurig klingt und wenn ich gern wüsste ob ernas mann wieder gesund ist – hinter den klowänden triefen schülergeschichten und notwendigkeiten unerledigtes und zu erledigendes pädagogisches und organisatorisches muss sein und weißt du – eh nur – bitte um zwei ja nicht übersehen

und das klopapier schreibt weder zahlen noch zeichen es erfüllt nur seinen zweck und lässt beschämt so manches vergessen verwischt

BILD 4

auf meiner liste sammeln sich punkt um punkt lauter forgetmenots ich möchte streichen und abhaken möchte wegradieren und erledigt signieren aber ehe ich auch nur eine sache abhaken kann landen erneut belege und telefonnummern supplieranmerkungen und wünsche auf meinem platz – natürlich irgendwann im laufe des tages – die haben doch eh nichts zu arbeiten nur einundzwanzig stunden die woche – tatsächlich irgendwann habe ich keinen unterricht ich habe eine freistunde nein nicht eine stunde sondern fünfzig minuten und dann kann ich nach lust und laune beim herrn direktor vorsprechen ihm zuhören ihn um rat fragen die verordnungstafel begutachten und punkt eins zwei drei anfangen zu bearbeiten esa sagt der direktor immer wieder esa und schwärmt von schnell erledigen im handumdrehn fertigen – ein knopfdruck sagt der direktor weil er das programm gut auswendig kann – erleichtert die arbeit ist hervorragend und ich sehe den computer schon wieder meine stunden verschlingen weil er nicht so tut wie ich will die schulbesuchsbestätigung nicht das sagt was sie soll weil ich natürlich weil ich immer nur kurzzeitig und drum jede funktion jedes mal neu erarbeiten muss – ja es ist klug muss klug sein wenn alle so schwärmen so vernünftig und dennoch it drives me crazy gott sei dank eintrag gelungen formular dann perfekt in form gebracht leiser triumph aber so vieles trotzdem nicht geschafft und ich schleppe telefonate und besprechungen mit nach hause – papier ist geduldig und ich notiere in den nächsten tag hinein jawohl liebe frau sterer bitte nicht bös sein bin froh dass ich sie endlich erreicht habe ich weiß schon das handy – nicht schon wieder sagen dass sie keine zeit haben für ihr kind nicht einmal abends nach geschäftsschluss sie wissen doch ihr sohn ach der könnte wenn

BILD 5

ich mag ihn sie mögen ihn auch?
er – nein natürlich könnte er wenn er wollte aber er will noch nicht von selber kann nicht wirklich seine zeit einteilen kann nicht wirklich selber auf sich achten – aber frau sterer das kind hat einen guten kern schauen sie ihn an – nein nicht hinter der klotüre nicht hinter vorgehaltener hand schauen sie ihm einfach in die augen reden sie mit seinen augen das kind sehnt sich nach wärme und zuwendung das kind braucht sie
ich versteh schon die arbeit ich weiß sie alleine aber der bub liebt sie – bewahren sie sich das – er braucht ordnung überlegen sie doch so könnten sie's machen zumindest einmal am tag miteinander reden einen blick in die schultasche und ein paar fragen – natürlich das kind – es braucht einen rahmen abgrenzen einteilen helfen sie ihm ein bisschen – nur dabei sein – mutter halt – mit essen und zuhören zeigen und antworten geben – frau sterer sie wichtig sind wichtig sie
was? sie haben keine zeit einen neuen freund abends keine zeit seit ein paar wochen der freund und morgens keine zeit das kind muss alleine sagen sie möchten sie aber das kind tut nicht wie sie wollen anders frau sterer dann müssen sie geben sie können nicht einfach frau sterer hören sie wenn nämlich das kind

BILD 6

warum dieser blick herr direktor ich glaube er hat nichts getan kontrolle ist gut aber mit diesem blick herr direktor – zerstörend oh nein so zerstörend – sagen sie es anders das ist der christoph der kann nicht gut reden sprechstörung sozusagen der wollte das nicht sagen zuflüsterer ja solche müssen das gewesen sein – bitte zuerst fragen bevor dieser ton um himmels willen der bub herr direktor verzweifelt das kind stottert noch mehr als sonst will dada sagt schscheiß – was ist denn christoph mal ruhig

und ich drücke ihm die hand an ihrer statt auf die schulter herr direktor er ist einer der braucht unsre hilfe mehr noch als andre bitte nicht diesen blick er hat nichts getan nicht wissentlich – die schuhe stehen längst im spind und die jacke ist neu die will er nicht lassen – verstehen sie herr direktor die kann er nicht weglegen auch wenn es die ordnung verlangt

ordnung ist gut ist richtig natürlich herr direktor sie müssen das einfordern du musst es überprüfen überwachen du musst kontrollieren es ist deine verantwortung ihr auftrag aber weißt du wissen sie herr direktor manchmal – und weil das eine besondere jacke für ihn ist – die gleiche wie die vom patrick und weil er endlich eine jacke mit marke hat womit er ansehen gewinnt bei seinen freunden darum hat er angst um sie muss sie mitnehmen gegen die ordnung und deshalb – ich bitte dich herr direktor ich bitte sie um ihre kontrolle aber nicht um der kontrolle willen sondern um gegebenenfalls eine ausnahme zu gestatten und zu verstehen

er kann und er will und er kann heute nicht anders und will auch diesmal nicht und weil er nicht will – will sagen dass er nicht kann und stottert herum und verschluckt sich mit seinem zehnmal dededeeder papa und wird schließlich zornig schreit schließlich schschscheiß und will nicht schimpfen und nicht frech sein will nur muss nur sagen was bei ihm außer kontrolle gerät und deshalb auch nicht der kontrolle entsprechen kann aber sagen will dass nicht er sondern der – und ja der blick herr direktor dieser düstere blick herr direktor gehörte eigentlich dem patrick weil der einen narren aus ihm

macht mit lauter spott – er der gescheite sozusagen der zeigt es ihm oh dieser ton herr direktor warum diese aufregung – nein der christoph so glauben sie mir glaub mir der kann nicht von sich aus – beruhig dich kind du wirst das schon schaffen sag entschuldigung zum herrn direktor
und das kind der christoph greift verstohlen nach meiner hand

BILD 7

meine hand ist leer so leer dass man sie anfassen kann
glatt oft voll kreidestaub wischt sie haarsträhnen aus dem gesicht
schreibt zeichen und ziffern für leistung
fordert auf und weist zurück
dann wieder ordnend und richtend
meine hand streckt sich aus und zieht hinten nach
ein wechselspiel im gemeinsamen alltag leer immer leer
sichtbar ohne gabe spürbar nur leer
aber für den der sie annimmt gibt sie
halt und bietet kurzzeitig stütze
öffnet sie welten geliehene
dann zum abschied noch einmal geschüttelt auf wiedersehen
und schönen tag so sagen es manche
und ich bin froh darüber dass sie es sagen
ich bin auch froh über ihre schwitzenden schmutzigen hände
sie drücken zu fügen sich noch einmal zum ausklang
nach getaner arbeit in meine und beschließen
verzeihen auch spätestens dann versöhnung fordernd
und machen bereit für ein neues das wieder aufbereitet werden muss
verflechtungen und verschlungenes lässt sich nicht lösen

nicht in sekundenschnelle sie spannen sich fort und
überdauern das pausengeläut du willst lassen
deine hände aber spinnen weiter schicksal geschicktes
das du nicht neu schaffen sondern nur behutsam beschicken
kannst

BILD 8

und darum tu ich nichts mehr dagegen wenn sie sagen – sie tun nichts die lehrer diese ferial- und freizeitjobber die nichts tun als das was sie tun – weil die nörgler und raunzer sowieso nie begreifen werden dass es an ihnen ist endlich zu tun anderes als einen berufsstand zunichte zu machen nur weil sie selbst nicht imstande sind zu tun was sie tun müssten – lehrer können nicht mehr tun weil das was sie tun erzieherpflichten nicht ersetzen die familiäre geborgenheit nicht liefern kann – gewisse sagen immer wieder lehrer tun nichts

in anbetracht dessen was sie alles übernehmen sollten tun sie tatsächlich fast nichts und meine ratlosigkeit gibt mir recht weil sie – vor allem jene die am lautesten schreien – nichts tun und ihre pflichten gar nicht erfüllen und weil das geschreie um das nichtstun der lehrer ein ewiges unverschämtes hinunterzerren von menschen ist die ohnedies tun was schon längst nicht mehr ihres ist und was in den augen der kritiker sowieso nichts sein kann solange sie nur abrechnen nach stunden so als wäre der tag beschlossen wenn einer das schulhaus verlässt sie wollen nicht sehen dass dann wenn sie – die nörgler und raunzer – nichts tuend sitzen und rasten ein lehrer nicht nichts tut sondern sich vorbereitet fürs nichtstun

nach all den jahren redlichen nichtstuns maße ich mir an nichts mehr dagegen zu tun weil jene die noch immer behaup-

ten mit einer klarheit behaupten so als würden sie wissen von welchem nichtstun sie sprechen noch nie die gelegenheit wahrgenommen haben einen tag gemeinsam mit mir nichts tuend zu verbringen
also tu ich nichts mehr um jenen zu zeigen wie wenig wir tun wenn wir nichts tun aber unverstanden fühl ich mich schon

SONJA PFEIFFER

Volksschule
Gaullachergasse 49, 1160 Wien

Unterrichtsfach/fächer:
alle Gegenstände

Ali

Die Geschichte, die ich erzählen möchte, liegt mittlerweile ein paar Jahre zurück. Damals hatte ich eine erste Klasse, eine Integrationsklasse. Wie in nahezu jeder Schule im 15. Wiener Gemeindebezirk war auch in meiner Klasse der Anteil an Kindern mit nicht deutscher Muttersprache sehr hoch. Einer meiner Schüler war Ali. Er wurde auf Grund eines Herzfehlers als Integrationskind geführt, aber nach dem Volksschullehrplan unterrichtet. Ali hatte einen außergewöhnlich großen Wortschatz, er war lebhaft, hilfsbereit, höflich und sehr gut erzogen. Er ging ausgesprochen gern zur Schule und war bei allen Kindern sehr beliebt.

Ali war stolz auf die ägyptische Herkunft seiner Eltern, sprach auch arabisch und wusste viel über Geschichte und Kultur dieses Landes. Gleichzeitig war er auch sehr stolz darauf, Österreicher zu sein.

Was erwartet man als Volksschullehrerin Großartiges, wenn man am 25. Oktober die Frage stellt: „Kinder, wisst ihr, warum morgen schulfrei ist? Habt ihr zu Hause darüber gesprochen?" Großes Schweigen breitete sich aus, wie so oft war Ali die Rettung: „Ja, ich weiß! Morgen ist der österreichische Nationalfeiertag. Da geh ich wieder mit meinem Papa in den ersten Bezirk. Dort gibt es einen großen Platz. Da stehen Panzer und Hubschrauber von den österreichischen Soldaten. Da darf man sich auch hineinsetzen. Warum ein Feiertag ist? Das weiß ich nicht so genau, aber mein Papa hat mit erklärt, dass das etwas mit dem Krieg zu tun hat, der einmal war."

So in etwa erzählte dieser kleine, zarte Bub mit den schwarzen Locken und dem breiten Lächeln voller Eifer. Es war eine Freude, ihn in der Klasse zu haben! Das Einzige, was ihm nicht so gut gefiel, war Schreiben und Zeichen. Da litt er und ich insgeheim mit ihm.

Auf Grund seines Herzfehlers hatten meine Kollegin und ich die Auflage, speziell in Turnen ein wachsames Auge auf ihn zu richten. Er sollte sich nicht zu sehr anstrengen und öfters eine Pause einlegen. Wir achteten stets darauf und konnten uns umgekehrt auch auf Ali selbst verlassen. Er maulte nicht, wenn er rasten musste. Dafür durfte er im Gegenzug bisweilen die Trommel schlagen und seinen Mitschülern den Bewegungsrhythmus vorgeben.

Kurzum: Ali war ein kluger und ungemein sympathischer Bub. Man musste ihn einfach auf Anhieb gern haben.

Es war Freitag, ein schöner Frühlingstag. In der ersten Stunde hatten wir Turnen. Rasch waren die Kinder umgezogen, und schon konnte es losgehen mit dem Laufen im Rhythmus der Trommel – dieser allseits beliebten Übung. Auch an diesem Tag machte es den Kindern sichtlich Spaß. Wie immer stand ich in der Turnsaalmitte in der Höhe des Fensters, meine Kollegin neben mir – so hatten wir den besten Überblick. Die

Kinder liefen gegen den Uhrzeigersinn im großen Kreis. Es war nicht einmal eine Minute vergangen, da sah ich im Augenwinkel, wie Ali stürzte. Er fiel auf die Knie und rutschte in Richtung Turnsaalwand. Ganz leicht touchierte sein Kopf die Holzvertäfelung. Danach „wandelte" Ali ein wenig zurück und blieb keine zwei Meter von mir entfernt am Boden liegen. Ich ließ die Trommel fallen und stürzte zu ihm. Wenige Augenblicke später waren auch die anderen Kinder da, standen im Halbkreis um uns herum und begannen aufgeregt Fragen zu stellen. Sofort war meine Kollegin zur Stelle, schickte die Kinder in die Garderobe, und verständigte umgehend die Rettung.
Ich wusste sofort, dass etwas Schlimmeres passiert war. Die nächsten Minuten bis zum Eintreffen der Rettung erschienen mir wie tausend Ewigkeiten. Ich kniete vor dem nahezu reglosen Ali, hielt ihn in meinen Armen, redete und schrie auf ihn ein, schüttelte ihn und versuchte sein unregelmäßiges Schnaufen als Atmen zu deuten. Aber Ali wurde blau, verdrehte die Augen, sein Körper begann zu krampfen. Das alles spielte sich innerhalb weniger Sekunden ab. Ich begann mit Wiederbelebungsmaßnahmen. Mund zu Mund Beatmung – sein Brustkorb hob und senkte sich. Meine Chefin erschien und bot ihre Hilfe an, ich lehnte ab, rief nur verzweifelt zwischen Beatmung, Tränen, Alis Spucke und Herzmassage: „Wo ist die Rettung?" Ich hatte eher das Gefühl zu reagieren, als zu agieren, funktionierte in diesem Moment wie eine Maschine. Nach einer gefühlten Ewigkeit war die Rettung endlich da. (In Wirklichkeit waren es vom Eingang des Notrufes bis zum Erscheinen des Rettungsteams nur vier Minuten). Ich überließ meinen Platz den Fachleuten und verließ den Turnsaal, blieb aber in der Garderobe, also in unmittelbarer Nähe, wollte um-

gehend wissen, was los war. Die übrigen Kinder sah ich an diesem Tag nicht mehr. Meine Kolleginnen hatten den Unterricht übernommen.

Wie ein vor Verzweiflung gereizter Tiger in seinem Käfig wanderte ich zwischen Garderobe und Schulwartkammerl hin und her. Rauchte hastig eine Zigarette, tausende Fragen gleichzeitig im Kopf: Wieso kommen sie nicht aus dem Turnsaal? Was ist mit Ali? Wie geht es ihm? Da kamen auch schon seine Eltern. Die Mutter musste im Werkraum mehr oder weniger festgehalten werden. Sie weinte, schrie, tobte. Der Vater wusste nicht, was er tun sollte, redete auf seine Frau ein, stellte mir Fragen. Ich zitterte am ganzen Körper. Nach einer halben Stunde kam das Notarztteam endlich aus dem Turnsaal. Ali war an verschiedenen Geräten angeschlossen, die Mutter stürzte zu ihm, streichelte ihn, weinte, jammerte. Ein Notarzt sagte mit sehr besorgtem Gesichtsausdruck zu mir: „Wir haben ihn wieder. Sie haben das toll gemacht."

Das war's.

Ich habe Ali nie wieder gesehen. Man hatte zwar sein Herz wieder zum Schlagen gebracht, aber die Folgeschäden des Unfalls waren zu groß. Im Einverständnis mit den Eltern haben die Ärzte am Samstag, also am nächsten Tag, die Maschinen abgedreht.

Am Montag hing vor der Schule die Trauerfahne auf Halbmast.

Nähere Details erfuhr ich erst in den Tagen danach. Der Vater kam und holte Alis Schulsachen ab. Mir war es unmöglich, mit ihm zu sprechen. Die Trauer schnitt mir die Kehle zu. Alis Vater vertraute sich der islamischen Religionslehrerin an. Sie erzählte mir dann Folgendes: Am Dienstag vor dem Unglück fragte Ali seine Mutter: „Mama, was ist, wenn ich sterbe?"

„Aber Ali, was redest du denn da?“ – „Bist du dann traurig?“ „Ja, sicher wäre ich traurig, aber so etwas sagt man doch nicht!“ – „Ja, Mama. Aber wenn ich sterbe, dann komme ich ins Paradies und dort werde ich dann auf euch warten.“

Jeden Morgen, wenn die Kinder um 7:45 Uhr die Klasse betreten, kommen sie zu uns und begrüßen uns mit Händeschütteln. Ali war stets rechtzeitig da, fast immer war er der Erste. Auch an diesem Freitagmorgen schüttelte er mir die Hand. Aber es war nicht flüchtig wie immer, damit genug Zeit bleibt, um die Schultasche auszuräumen und noch kurz mit den anderen Kindern zu spielen. Diesmal war es anders. Diesmal war es mit Bedacht und sein Blick berührte meine Seele. Ich werde diesen Augenblick nie in meinem Leben vergessen. Als ich am späten Sonntagabend über viele Ecken von Alis Tod erfuhr, ging ich sofort ins Bett und weinte mich in den Schlaf. In dieser Nacht wachte ich immer wieder auf, und es schüttelte mich vor Kummer. Ich war mit meinen Gedanken, mit meinem ganzen Herzen bei Ali. Und plötzlich hatte ich das Gefühl, er ist da, in meiner Nähe und tröstet mich in meinem Schmerz. Von diesem Augenblick an beruhigte ich mich wieder und weinte nie wieder über Alis Tod.

Ali wusste, dass er gehen wird. Er hat sich dafür einen Platz ausgesucht, wo er wirklich gerne war – die Schule. Es gibt keine Zufälle, zumindest nicht in meinem Weltbild. Ich zähle zu jenen Menschen, die an ein höheres Wesen glauben, an eine göttliche Bestimmung. Alles ist gelenkt, wir können daraus lernen, daran wachsen, uns unsere eigenen Gedanken machen. Obwohl ich Alis persönlichen Dinge nach seinem Tod dem Vater mitgeben musste, habe ich mich von einer Sache nicht trennen können: den Froschkönig – eine Ölkreidezeichnung im Format A3. Die Krone ist aus Goldfolie auf das Papier aufgeklebt. Einen Schönheitspreis hätte dieser Froschkönig nicht gewonnen. Er hat eine übermäßig lange ausgefranste Zunge, die riesigen Glotzaugen sind rosa, die warzige Haut ist in diversen Farbschattierungen gehalten, die Proportionen stimmen rein gar nicht – er ist einfach hässlich! Aber er ist von Ali, der sich beim Zeichnen gar so geplagt hat.

EPILOG

An dieser letzten Stelle möchte ich mich nochmals bei meinen Kolleginnen bedanken, die am Tag von Alis Unfall unaufgefordert für mich eingesprungen sind. Danke auch an den Herrn Inspektor, der gleich am Montag in der Schule war und sich nach dem Befinden aller Beteiligten erkundigt hat. Sofort war auch eine Psychologin zur Stelle, die mit den Kindern den Verlust ihres Schulkameraden aufgearbeitet hat. Sie bot auch mir ihre Unterstützung an. Ich habe ihre Hilfe nur kurz in Anspruch genommen. Gemeinsam mit ihr ging ich nochmals in den leeren Turnsaal.

JOHANN SCHRAHBÖCK

Hauptschule / Neue Mittelschule Ebenfurth
Hauptstraße 1, 2490 Ebenfurth

Unterrichtsfach/fächer:
Englisch, Bildnerische Erziehung,
Technisches Werken und Informatik

Warum (m)eine Klasse ein Sofa braucht

Eines Tages hatte eine Kollegin ihre alte Eckcouch in ihrer Klasse aufgestellt. Die Meinungen über den Sinn der Couch gingen innerhalb der Kollegenschaft weit auseinander. Von „da sammeln sich doch nur die Läuse drin“ bis „supercooles Teil“ war im Konferenzzimmer alles Mögliche zu hören.
Ich war zu diesem Zeitpunkt Klassenvorstand der 2B. Kurzes Detail am Rande: Eines Morgens prangte an der Klassentür ein Schild mit der Aufschrift: „2B or not to be, that's the question“. Verfasser dieser Zeilen war Markus, ein sympathischer, zwölfjähriger Blondschopf, der immer wieder für Überraschungen gut ist. So auch an diesem Tag. Er fragte mich: „Können wir nicht auch so ein Sofa haben?“ – „Warum nicht?“, entgegnete ich, „wenn ihr euch selbst darum kümmert …“
Damit wäre das Problem abgehandelt, dachte ich.
Aber es sollte anders kommen. Wer – so wie ich zu diesem Zeitpunkt – dachte: „Daraus wird eh nichts!“, der sollte eines Besseren belehrt werden.

Einige Jungs aus meiner Klasse begannen in Sachen Sofa sehr aktiv zu werden. Erwähnt sei hier Alfred, der Klassensprecher, der zuerst Geld für eine gebrauchte Couch sammeln wollte, diesen Plan dann aber zugunsten einer Idee von Markus fallen ließ. Dieser meinte, er habe schon mit Frau Plasterik gesprochen, sie wohne in der Nähe der Schule und sei bereit, ihr altes, im Keller befindliches Sofa zur Verfügung zu stellen.
Eines Montags – ich hatte ein so genanntes Fenster, eine Freistunde, wurde es ernst. Gemeinsam mit fünf kräftigen Burschen (die netterweise von der Religionslehrerin kurz frei bekommen hatten) machten wir uns auf den Weg, um das Sofa bei Frau Plasterik abzuholen. Für den Fall, dass es „untragbar" war, würde Robert, unser Schulwart, mit dem Lieferwagen beim Transport behilflich sein.
Jedoch: Es wurde nichts aus dem Sofa – Frau Plasterik war nicht zu Hause. Wir hätten lieber doch vorher anrufen sollen. Ein paar Tage später teilte mir Markus freudestrahlend mit, er hätte ein anderes, größeres, schöneres und ebenfalls kostenloses Sofa bei Frau Pomeranz gefunden. Zur Information: Frau Pomeranz war Frau Plasteriks Nachbarin. Infolgedessen taten sich allerdings neue Probleme auf: Was tun, wenn Frau Plasterik nun enttäuscht wäre, weil wir ihre Couch jetzt nicht (mehr) wollten, sondern jene von Frau Pomeranz bevorzugten?
Aber sie war nicht enttäuscht. Auch Frau Pomeranz war nicht böse – denn sie sollte ihr Sofa ebenfalls nicht loswerden, jedenfalls nicht an uns. Denn Schulwart Robert hatte die Idee: „Im Keller des Schulhauses steht noch die blaue Ledercouch von meinem Freund Fritz. Er schenkte sie mir als Dankeschön, weil ich ihm vor einiger Zeit einmal geholfen habe. Aber ich habe sowieso keine Verwendung dafür."

Wow! Ein blaues Sofa! Noch dazu aus Leder! Und bevor Robert es sich womöglich wieder anders überlegte, transportierten einige 2B-Buben und ich das Trumm rasch in unsere Klasse. Nun war es geschafft!
Allerdings gab es nach dem Aufstellen der blauen Ledergarnitur nicht nur positive Begleiterscheinungen. Jeder der siebenunddreißig Zweitklässler wollte fortan in den Pausen auf dem Sofa sitzen. Das führte zu Auseinandersetzungen – anfangs verbaler, später handgreiflicher Natur. Also setzten wir uns zusammen, Sabine, Klassenvorstand der 2A, meine Wenigkeit als 2B-Chef, und entwarfen gemeinsam den *Codex Diwani:*

1. Die blaue Couch darf, obwohl in der 2B befindlich, von allen Zweitklässlern „besessen" werden.
2. Die Benützung der blauen Couch ist nur in den Pausen gestattet, es sei denn, die in der 2B befindliche Lehrperson gibt die Erlaubnis dazu temporär auch während des Unterrichts.
3. An Schultagen ungeraden Datums darf die Couch nur von Mädels benutzt werden, daraus resultiert
4. die Besetzung durch die Knaben an den geraden Tagen.

Dieser Codex wird unter Androhung der Couchentfernung im Falle einer Zuwiderhandlung weitgehend (Zähne knirschend) von unseren Schülern befolgt (mittlerweile sind die Schüler und Schülerinnen ein Jahr älter, da sitzen sie schon gern auch gemischten Geschlechts zusammen).
Fazit: Wie heißt es so schön? Nicht für die Schule, für das Leben lernen wir! Und Leben heißt (auch): auf der Couch zu sitzen.

Auf dem undankbaren Reservebankerl

PROLOG

Lehrer der so genannten Personalreserve sind für den reibungslosen Ablauf des Unterrichts einer Schule wichtig. Leider wird diesen Kollegen, die diese Tätigkeit selten freiwillig übernehmen, wenig Wertschätzung entgegengebracht. Dabei ist es nicht einfach, ad hoc einen Gegenstand zu unterrichten – manchmal sogar in fremden Fächern. Sind zudem nur ungenaue Vorbereitungsunterlagen verfügbar, kann eine solche Einspringer-Unterrichtsstunde zum wahren Abenteuer werden.

Das Zauberwort für Personalreserve-Lehrer (PR-Lehrer) lautet somit: Flexibilität. Es ist jedes Mal aufs Neue eine Herausforderung, Schüler bei Laune zu halten, die man nur wenige Tage im Jahr unterrichtet. Erschwerend kommt hinzu, dass die Jugendlichen genau wissen, dass seitens eines PR-Lehrers keine gravierenden Konsequenzen zu befürchten sind. Sie also zu unterrichtsgerechtem Verhalten zu bewegen, bedarf schon eines starken Durchsetzungsvermögens.

Umso hilfreicher und willkommener wäre es, auf die Unterstützung der Kolleginnen und Kollegen zählen zu dürfen. Doch dies ist in der Regel nicht der Fall. Viel eher gilt mal als Lehrer zweiter Wahl. Diese Erfahrung habe ich viele Jahre hindurch als PR-Lehrerin gemacht.

Diese Gedanken wurden von einer Kollegin zu Papier gebracht, die anonym bleiben möchte. Aber ihre Worte bringen das Schicksal der Personalreserve-Lehrer auf den Punkt. Ergänzend dazu möchte ich meine persönliche Geschichte erzählen.

Über 30 Jahre lang unterrichtete ich in der Hauptschule Winklern in Kärnten. Und ohne die Vergangenheit in irgendeiner Weise verklären zu wollen: Es war rückblickend betrachtet eine wunderbare und erfolgreiche Zeit. Ich lebte durch und für meinen Beruf; war glücklich, wenn ich mich in der Früh in Richtung Schule aufmachte.

Privat war die Situation weniger rosig, eine Scheidung und diverse andere Schwierigkeiten gingen nicht spurlos an mir vorüber. Dementsprechend groß war meine Freude, als mein zweiter Mann in mein Leben trat und mit ihm ein wunderschönes Häuschen mit viel Garten, Busch- und Strauchwerk. Ich war am Ziel meiner Wünsche angelangt und übersiedelte zu meinem Mann nach Friesach.

Ab diesem Zeitpunkt pendelte ich zwischen meinem neuen Wohnsitz und meiner Schule. Fuhr ein Jahr lang jeden Morgen 117 km hin und nachmittags 117 km zurück. Jeden dritten Tag wurde voll getankt. Ein Zustand, der freilich auf Dauer keine Lösung sein konnte. Also bat ich um eine Versetzung. Mein Ansuchen gestaltete sich allerdings weitaus schwieriger als gedacht. Und ich möchte an dieser Stelle gar nicht ins Detail gehen, welche Hürden zu meistern waren, bis mir endlich eine Stelle in der näher gelegenen Hauptschule Moosburg vermittelt wurde, wo ich seit nunmehr drei Jahren Kochen und Handarbeiten unterrichte. Was einerseits natürlich erfreulich ist, andererseits aber auch nicht. Denn in der Praxis bedeuten diese Fächer nur eine geringe Anzahl an Unterrichtsstunden. Der Rest ist Personalreserve. Und damit fing das Problem an.

Wenn man als über 50-Jährige in eine neue Schule kommt, darf man nicht damit rechnen, mit offenen Armen empfangen zu werden. Zuallererst herrscht einmal Misstrauen und es ist ein langer Weg, bis man einigermaßen respektiert wird. Auch vonseiten der Schülerinnen und Schüler.

Was denken Jugendliche von einer älteren Frau, die noch dazu auf Grund ihres momentanen Hormonhaushalts etwas aus der Form geraten ist? In einer ersten Reaktion: Was wird die schon können? Und prompt wird man anfänglich nicht ernst genommen. Zu Beginn war ich fassungslos, mit welchen Kommentaren ich konfrontiert wurde, was sich Schüler getrauen zu sagen. Wenig verwunderlich also, wenn man als Lehrer etwas von der Entschlossenheit verliert, die einem bislang selbstverständlich schien. Kurzum: Man wird unsicher. Und das ist zweifelsohne der schlechteste Weg.

Nun stellt sich freilich auch die Frage, wie vonseiten der oberen Instanzen, der Direktionsebene reagiert wird. In meinem Fall bekam ich den lapidaren Satz zu hören: „Akzeptanz und Aufmerksamkeit der Schüler müssen Sie eben einfordern." Das klingt zwar schön und gut, aber in der Praxis fragt man sich dann doch: Einfordern ja –, aber bitte schön mit welcher Autorität? Die Amtsautorität einer Personalreserve ist so gut wie null und die faktische noch nicht aufgebaut. Da ich allerdings

nur auf Beziehungsschiene arbeiten kann, lautete mein erster Ausweg: Anpassung. Ich war streng, schimpfte viel mit den Schülern, verhielt mich so, wie ich es von den respektierten Lehrern sah. Wohl fühlte ich mich dabei allerdings nicht. Erschwerend kam hinzu, dass ich im zweiten Jahr in einer Klasse unterrichtete, die sämtlichen Lehrern wohl lang in Erinnerung bleiben wird. Hassobjekt Nummer eins war allerdings der Klassenvorstand. Ich kam vergleichsweise relativ gut weg. Was nicht zuletzt daran lag, dass es mir glücklicherweise leicht fällt, Geschichten spannend und interessant zu erzählen. Auf diese Weise bin ich in Vertretungsstunden, die ohne Vorankündigung gehalten werden müssen, nicht nur aus dem Schneider, sondern vermittle – quasi nebenbei – auch ein bisschen Weltliteratur. Und das lieben die Schüler. Egal, ob in der ersten oder vierten Klasse.
Und da ich die Schüler mittlerweile von Tag zu Tag besser kennen lernte, beschloss ich irgendwann, meinen alten Stil mehr und mehr wieder aufzunehmen. Praktisch bedeutet das, die Kommunikation endlich wieder in beiden Richtungen fließen zu lassen. Die SchülerInnen erzählen mir von sich, was sie bewegt, ich ihnen im Gegenzug von mir, manchmal auch Privates. Und irgendwann haben wir begonnen, gemeinsam zu lachen. Ab diesem Zeitpunkt wusste ich: Es ist geschafft – ich habe ihr Vertrauen gewonnen. Und ich muss gestehen, es tut einfach gut, bisweilen von dem einen oder anderen Schüler „der coolste Lehrer“ genannt zu werden. Selbst unter der Prämisse, dass derlei Aussagen nicht ganz ernst zu nehmen sind. Aber gut tut es trotzdem.
Speziell wenn ich an all die Jahre zuvor denke – an dieses ständige Unterschätztwerden, das hat einfach weh getan. Und auch heute gibt es noch Lehrer, die meinen, die Personal

reserve nicht grüßen zu müssen. Aber interne Unstimmigkeiten gibt es wohl in jedem Unternehmen – damit muss man leben. Wünschen freilich wird man sich aber dürfen, dass vielleicht irgendwann nicht mehr mit zweierlei Maß gemessen wird – weder von Schülern und Eltern, noch von Lehrern.

EPILOG

Mittlerweile bin ich das vierte Jahr an dieser Schule und habe es geschafft, mit einigen schwierigen Schülern ein Vertrauensverhältnis aufzubauen. Und so gibt es immer wieder auch positive Überraschungen. Beispielsweise wenn man eine Klasse betritt und mit den Worten begrüßt wird: „Schön, dass Sie wieder da sind!", begleitet von einem Luftsprung von Knaben der vierten Klasse. Ist doch auch was, oder?

ANNEMARIE ZWINZ

Volksschullehrerin i.R.

Schuleinstieg

Nach Abschluss meiner Ausbildung zur Volksschullehrerin waren in Wien kaum Stellen an Volksschulen frei. Von den 25 AbsolventInnen der damaligen Lehrerbildungsanstalt hatten drei Kolleginnen das Glück, eine Stelle als Volksschullehrerin zu erhalten. Für mich ergab sich eine Alternative: Ich wurde im Juni gefragt, ob ich bereit wäre, auch in einer Allgemeinen Sonderschule zu unterrichten. Angesichts der aktuellen Arbeitsmarktsituation sagte ich zu. Mitte August flatterte ein Bescheid ins Haus, ich möge mich in der letzten Ferienwoche in der im Schreiben genannten Sonderschule bei dem Leiter dieser Schule melden.
Drei Tage vor Schulbeginn stand ich nun mit zwei 14-jährigen Schülerinnen vor der Direktion. Die beiden Mädchen waren hier, um ihre Fahrausweise abzuholen. Sie waren bester Laune, ich hingegen ziemlich nervös, zumal ich nicht wusste, was mich wohl erwarten würde. Der Direktor öffnete die Tür und rief uns dreien lautstark zu: „Kommt herein, Kinder!“
Ein toller Einstieg! Als ich ihn wissen ließ, dass ich dieser

Schule als Lehrerin zugeteilt sei, händigte er den beiden Mädchen schnell ihre Ausweise aus, entschuldigte sich bei mir, und wies mich in meinen Aufgabenbereich ein. Ich sollte eine achte Klasse übernehmen, genauer gesagt zwanzig Schüler und Schülerinnen im Alter von 14 und 15 Jahren – je nachdem, ob sie schon einmal eine Klasse wiederholt hatten oder nicht. Abschließend drückte mir der Direktor den Sonderschullehrplan in die Hand, sagte mir jegliche Hilfe zu und stellte mir auch einige zukünftige Kollegen vor, die mir ebenfalls ihre Unterstützung anboten.
Erfreut über dieses erfolgreiche Einstellungsgespräch und die Tatsache, eine Anstellung zu haben, blickte ich dem ersten Schultag optimistisch entgegen. Um möglichst gut vorbereitet zu sein, hatte ich in den Ferien auch alle Unterlagen hervorgekramt, die uns während unserer Ausbildung über das Sonderschulwesen ausgehändigt wurden. Zudem besorgte ich mir stapelweise Literatur zum Thema. Mein Ziel war es, mir vorab ein möglichst realistisches Bild zu machen, was mich in den kommenden Wochen alles erwarten könnte.
Dann war er da, der erste Schultag, und verlief zu meiner Freude völlig problemlos. Die erste Hürde war somit einmal geschafft. Doch der Frieden hielt nicht lang. Obwohl ich mich auf jede Unterrichtsstunde gewissenhaft vorbereitet hatte, schlug mir in den ersten Wochen eine Welle eisernen Schweigens entgegen. Egal, was auch immer ich versuchte, um ihre Mitarbeit anzustacheln, die SchülerInnen beteiligten sich in erster Linie mittels U-Hakerlschießens am Unterricht. Die Geschoße sammelte ich übrigens genauso akribisch in meiner Schreibtischlade, wie eine ganze Kollektion an Messern, die ich meinen Schülern während des Unterrichts abzunehmen hatte. Dass es sich hierbei größtenteils um Springmesser han-

delte, ließ mich erst ein Kollege wissen, der mich ebenfalls darauf hinwies, dass der Besitz von Springmessern im Grunde der Polizei gemeldet werden müsste. Doch davon nahm ich Abstand. Ich war zuallererst einmal froh, dass ich den Burschen ihre gezückten Klingen entwenden konnte, ohne dass jemandem Schaden zugefügt wurde.
Kurzum: Zu Beginn meiner Laufbahn hagelte es eine Schrecksekunde nach der anderen. Einen der Höhepunkte dieser Nerventests markiert folgende Situation: Während ich gerade die Bezirksstruktur von Wien erklärte, erhob sich plötzlich ein Schüler und forderte einen Kameraden dazu auf, den gut zwei Meter hohen Klassenkasten umzuwerfen. Im Raum herrschte Totenstille. Alle Augenpaare waren auf mich gerichtet. Die beiden Knaben waren größer und kräftiger als ich. Was sollte ich tun? Nach einer längeren Pause sagte ich: „Entweder macht ihr das jetzt sofort oder später in der Pause. Ich möchte nun nämlich gern weiter unterrichten." Und setzte – nach außen hin unbeirrt – meine Erläuterungen zu Wiens Bezirken fort. Innerlich jedoch war meine ganze Aufmerksamkeit auf den angedrohten Krach fokussiert, der aber letztlich glücklicherweise nicht stattfand. Dieser Eklat blieb mir also erspart. Aber eine gewisse Anspannung war stets vorhanden. Bis zu den Weihnachtsferien stand ich jeden Morgen mit Magengrimmen auf, machte mich nervös auf den Schulweg, und war Tag für Tag froh, wenn ich mein Pensum ohne größere Zwischenfälle erledigt hatte.
Die Situation entspannte sich erst, als ich mit der Zeit lernte, die Jugendlichen mit anderen Augen zu sehen. Denn größtenteils waren sie nur auf den ersten Blick aggressiv und wild. In Wirklichkeit sehnten sie sich nach gemeinsamen Gesprächen, nach Reflexionen zu ihrem Tun, nach Lob. Jede schriftliche

Arbeit, die mit einem Sternchen belohnt wurde, nahmen sie mit Freuden an, wirkten plötzlich wie Kinder einer ersten Volksschulklasse. Selbst wenn manche Gespräche sehr provokant begannen, lernte ich, in Ruhe hinzuhören, mir zu überlegen, was wohl hinter der rauen Fassade stecken könnte. Manchmal war es nur eine Laune, manchmal aber auch ein Hilferuf und damit wert, sich damit zu beschäftigen.

Jedenfalls freute ich mich über diese Entwicklung, und im zweiten Semester konnten wir schon viel miteinander lachen. Auch die stummen Widerstände oder lauten Angriffe während des Unterrichts nahmen sukzessive ab. Wenngleich es in den Pausen natürlich immer noch Situationen gab, in denen ich mich zwischen zwei Kampfhähne stellen musste. Aber im Großen und Ganzen blieb es bei drohenden Gesten, denen keine wirklichen (Un)Taten folgten. Zumindest keine, die mit körperlicher Gewalt verbunden waren. Andere Missetaten leider schon.

So kam es, dass mir eines Morgens einige Knaben eine Handvoll Zuckerln auf den Lehrertisch legten. Ich bedankte mich für diese freundliche Geste und steckte sofort eines in den Mund. In diesem Augenblick erschien der Direktor mit einem Kriminalbeamten. Sie erklärten mir, dass einige Kinder dieser Klasse täglich vor Schulbeginn in der benachbarten Konditorei klauten. Vor Schreck verschluckte ich mich beinahe an dem süßen Ding. Im ersten Moment wollte ich das gar nicht glauben. Aber leider stimmte es! Fast jeden Tag ließen sie in besagtem Zuckerlgeschäft einige unbezahlte Süßigkeiten mitgehen. Um die Affäre möglichst unbürokratisch aus der Welt zu schaffen, beglichen wir den Schaden aus der Klassenkasse. Ein gewisses Unbehagen blieb aber dennoch zurück. Was mir in weiterer Folge auch nicht die Entscheidung erleichterte, ob

man mit dieser Klasse eine dreitägige Exkursion in die Mariazellergegend ins Auge fassen konnte. Ein Vorschlag, der vonseiten eines Kollegen an mich herangetragen wurde und den ich in meiner ersten Reaktion sofort ablehnte.
Selbst wenn die Turbulenzen im Klassenzimmer nun gemildert schienen, möglich waren sie zu jeder Zeit. Und ich fragte mich, ob ich die Verantwortung übernehmen konnte, mit Jugendlichen, die nun einmal nur bis zu einem gewissen Grad berechenbar waren, in den Ötschergräben zu wandern. Was könnte nicht alles passieren? Doch mein Kollege ließ nicht locker, wollte gemeinsam mit unseren beiden Klassen diesen Ausflug wagen. Schließlich sagte ich zu, hatte aber ähnliche Zustände, wie zu Beginn des Schuljahres.
Letztendlich hatte ich den Ausflug aber nicht bereut. Die Kinder waren in diesen Tagen wie verwandelt, freuten sich über alles, was wir unternahmen. Natürlich hatten wir auch Streitereien zu schlichten, mussten Vorsorge treffen, dass sie einander nicht beklauten und in den Geschäften wirklich alles bezahlten. Aber als zum Abschluss jeder von ihnen einen Becher Eis geschenkt bekam, zeigten sie sich unendlich dankbar. Nach dieser gemeinsamen Exkursion liefen alle Schultage bis Schulschluss problemlos, fröhlich und unkompliziert ab.
Am letzten Schultag, als ich die Zeugnisse verteilt hatte, kamen zwei Mädchen mit einem Blumenstrauß zu mir. Ich bedankte mich, merkte aber, dass sie noch etwas auf dem Herzen hatten. Wenig später rückten sie auch mit der Sprache heraus. Als Abschlussgeschenk wäre auch noch ein Kugelschreiber für mich vorgesehen gewesen, in dem mein Name eingraviert war. Doch einer der Schüler hatte ihn entwendet. Es folgte ein befreiendes Lachen meinerseits, gefolgt von dem der ganzen Klasse.

THOMAS KOLLER

Mittelschule Laabental
Linden 3, 3033 Altlengbach

Unterrichtsfach/fächer:
Deutsch, Musik, Darstellendes Spiel, Schulband

Sprechstunde

Frau: Grüß Gott. Wahrscheinlich wissen Sie gar nicht, zu welchem Kind ich gehöre.
Lehrer: Doch. Leider. – Ich meine, manche Kinder sind ihren Eltern wie aus dem Gesicht geschnitten.
Frau: Nicht wahr? Und mein Sohn ist ein überaus hübsches Kind. Können Sie sonst noch etwas über meinen Sohn sagen?
Lehrer: Nun. Es gibt ein paar kleinere Probleme mit ihm in der Schule …
Frau *(überrascht):* So? Zu Hause macht er keine Probleme.
Lehrer: Er hält sich an keine Regeln. An die Schulordnung sowieso nicht.
Frau: Die ist auch etwas seltsam.
Lehrer: Es haben sich trotzdem alle daran zu halten.
Frau: Wissen Sie, ich habe meinen Sohn immer schon dazu erzogen, dass er allen Dingen kritisch gegenübersteht.
Lehrer: Er darf trotzdem nicht während des Unterrichts aufstehen und aus der Klasse gehen.
Frau: Warum nicht? Wenn ihn das, was er zu hören kriegt,

nicht interessiert? Was unterrichten Sie? Geschichte? Das ist ihm zu fad.
Lehrer: Er macht es in anderen Gegenständen auch.
Frau: Ihre Kollegen haben sich bei mir aber noch nicht beschwert.
Lehrer: Bei mir schon. Und in den Pausen schlägt und stößt er alle, die ihm in den Weg kommen.
Frau: Ja, das ist schon eine alte Geschichte.
Lehrer: Und was haben Sie bisher dagegen unternommen?
Frau: Es sind seine bösen Mitschüler, die ihn provozieren.
Lehrer: Ein Großteil der Aggressivität geht aber von ihm aus.
Frau: Dann setzen Sie entsprechende Maßnahmen. *(Vertraulich)* Von mir aus können Sie alles machen, verstehen Sie?
Lehrer: Er wird die nächsten Pausen am Gang stehend verbringen.
Frau: Sie sind überfordert mit ihm, nicht wahr?
Lehrer: Wie bitte?
Frau: Mein Sohn kommt jeden Tag weinend von der Schule nach Hause. Sie können ihn doch nicht aus der Klasse reißen!
Lehrer: Ich muss die anderen Mitschüler schützen! Sonst wird noch einer von ihm ernsthaft verletzt.
Frau *(kramt in ihrer Tasche):* Eine Freundin von mir hat mit mir diesen Brief verfasst. *(Überreicht ihn dem Lehrer)*
Lehrer *(nimmt den Brief, beginnt zu lesen; stoppt):* Moment! Was da behauptet wird, habe ich nie gesagt. Das sind ja lauter Verleumdungen!
Frau: Meine Freundin kann recht gut formulieren.
Lehrer: Das sind ja wüste Beschimpfungen gegen mich!
Frau: Das ist nicht gegen Sie. Das dürfen Sie nicht persönlich nehmen. Das haben wir nicht so gemeint.
Lehrer *(legt den Brief weg):* Nicht so? Gut. Dann will ich diesen

Brief vergessen. Aber notwendig habe ich so etwas nicht. Und wenn wir weiterhin miteinander arbeiten sollen, dann war das der letzte Brief.

Frau: Natürlich. – Ich hab ihn auch an die Ministerin geschickt.

Lehrer *(springt wütend auf):* Wie bitte?

Frau: Irrtümlich. Ärgert Sie das? Das wollte ich nicht. Wissen Sie was, ich schreibe dort hin, dass es sich bei diesem Brief um einen Irrtum handelt. Ich kann es auch meinem Partner sagen, der hat morgen sowieso bei der Frau Minister einen Termin wegen meines Kindes und Ihren Sanktionen.

Lehrer *(steht schwerfällig auf):* Ich möchte dieses Gespräch beenden und im Beisein meines Chefs weiterführen.

Frau: Warum? Unser gutes Gesprächsklima wird doch auf Grund des Briefes nicht gelitten haben. Außerdem haben Sie heute noch nichts gesagt, was ich gegen Sie verwenden kann.

Lehrer: Was sie gegen mich verwenden können …

Frau: Ja. Deswegen hab ich mir doch auch dieses Aufnahmegerät gekauft *(zieht ein Diktiergerät hervor).*

Lehrer: Sie haben das Gespräch – ohne mich zu fragen – aufgenommen?

Frau: Ich war mir nicht sicher, ob es Ihnen recht wäre. Aber wenn die Wanzen einwandfrei funktionieren, ist das Aufnahmegerät nicht mehr notwendig.

Lehrer: Wanzen?

Frau: Oh. Das hätte ich gar nicht sagen sollen. Mein Anwalt hat gemeint, es wäre gut, alle Ihre Aussagen aufzunehmen.

Lehrer: Und wo, bitte, sind diese Wanzen?

Frau: Das darf ich Ihnen doch nicht sagen! Außerdem sind Sie bei Ihnen zu Hause so gut versteckt, dass Sie sie bestimmt nicht finden werden.

Lehrer: Gehen Sie. Bitte gehen Sie!
Frau *(steht auf):* Wenn ich mir sicher sein kann, dass Sie meinen Sohn in Zukunft gerechter behandeln?
Lehrer: Gerechter …
Frau: Übrigens: In Englisch, Mathematik, Deutsch und sonst noch wo steht er auf einem Nicht genügend! Ich nehme an, Sie werden sich darum kümmern …

MICHAEL DORFSTÄTTER

Diplom-Pädagoge im Stand-by-Betrieb

Als Deutschlehrer bin ich es gewohnt, bei der Vorstellung auf die neuen Unterrichtsmethoden zu achten: Steckbrief und Fingerabdruck sollten ja nicht im Repertoire fehlen, wenn es darum geht, sich modern zu präsentieren. Statt Foto und Patschhanderl gibt es ein virtuelles Portfolio und Fingerprints inklusive:

Michael Dorfstätter, Jahrgang 1963, zweifacher Vater (Kinder im Alter von 19 und 18 Jahren), Lehramtsprüfung für Hauptschulen in Deutsch, Geschichte und Sozialkunde und Politische Bildung (wie es jetzt heißt) und, wenn wir schon beim „und" sind, Missio Cannonica für den Unterricht in Religion, römisch-katholisch. Und sonst? In den gesammelten Unterrichtsjahren seit 1985 auch Lehrer für Turnen, pardon, Leibeserziehung (jetzt Bewegung und Sport), Technisches Werken, Geografie und Wirtschaftskunde, Soziales Lernen, Deutsch für Kinder mit nichtdeutscher Muttersprache, Bildnerische Erziehung und als Assistenzlehrer auch in Textilem

Werken eingesetzt. Ein Multi-Talent also. Wenn da nicht die winzige Kleinigkeit wäre, dass ich diese Gegenstände oft vorgelegt bekommen habe und keine andere Wahl hatte, als ja zu sagen. Denn als Klassenvorstand in einer Hauptschule (jetzt Neue Mittelschule genannt) muss man die Kinder, die man über Jahre begleiten soll, wohl unterrichten. Und auch hier gelten ganz bestimmte Spielregeln: Deutsch lehrt man nur in einer Leistungsgruppe, Sport nur für Buben, bei Technischem Werken war früher gar kein Platz für Mädchen vorgesehen, Religion bloß für den kleinen Rest der Nicht-Ausgetretenen oder Andersgläubigen, Geschichte gibt es erst ab der sechsten Schulstufe – da war für mich nichts zu holen mit meiner Fächerkombination!

Oft war es die Zuneigung zu den Schülerinnen und Schülern, die mich über die aufwendige Bürokratie des Schulsystems hinweg getröstet hat. Ich habe es gelernt, den Alltag mit den jungen Damen und Herren gut gelaunt zu beginnen, ihnen auch dann entgegenzulächeln, wenn sie unausgeschlafen gewirkt haben oder grantig waren über die scheinbar verständnislose Welt der Erwachsenen. In allen Dienstjahren habe ich viel Spaß gehabt mit den Teenagern, oft über deren Aussprüche gelacht, aber auch viel über deren Sorgen nachgedacht und manchmal auch Tränen der Verzweiflung vergossen, wie schwer man es den jungen Leuten macht. Ich gebe auch zu, dass ich mich bisweilen als Anwalt der Schüler gesehen habe (auch ohne Plattform und Tantiemen einer großen Tageszeitung), weil ich manches einfach nicht kapiert habe (und bis heute nicht verstehe). Warum müssen Problemlösungen von manchen Kolleginnen und Kollegen, aber auch von den vorgesetzten Schulbehörden, oftmals unnötig verkompliziert werden? Vor allem dann, wenn es gilt, Kompromisse zu schlie-

ßen mit unseren Kunden, und das sind schließlich die Kinder und deren Eltern?
Und sollten Sie sich beim Lesen meiner Zeilen wundern, weshalb meine Gedanken im Präteritum zu Papier gebracht wurden, so lautet die Antwort: Weil ich seit September 2010 dem Schulhaus in Mödling (ich mag meine Jakob Thoma Mittelschule Mödling außerordentlich!) und dem Bildungsbetrieb im Allgemeinen Adieu gesagt habe. Auch im Alter von 47 Jahren möchte ich mich noch in die freie Wirtschaftswelt hinauswagen und einen Neustart ins Auge fassen.
Was freilich nicht einfach ist. Und es würde den Rahmen dieser Publikation sprengen, würde ich nun beginnen, all jene Gründe aufzuzählen, die es gibt, einen Lehrer nicht anzustellen, selbst wenn die Bewerbungsgespräche positiv verlaufen sind. Schließlich und endlich bin ich immer noch Lehrer, wenn auch in unbezahltem Urlaub, auch Karenz genannt. Somit sind keine Förderungen seitens des AMS oder diverser anderer Förderfonds vorhanden, auch keine Unterstützungen der Arbeiter- oder Wirtschaftskammer. Weder Erfahrungen in der Privatwirtschaft noch Zusatzqualifikationen außerhalb der Schulwelt vorweisen zu können, macht die Sache auch nicht gerade einfacher: „Naja, wir würden Sie ja gerne einstellen, Herr Dorfstätter, aber Sie wären verrückt, wenn Sie Ihre Pragmatisierung aufgeben würden und kündigen." In einem anderen Fall fühlte sich eine Mitarbeiterin von „einem Ex-Lehrer irgendwie kontrolliert", und der Personalchef musste seine Einladung an mich zurücknehmen, weil ihm das Teamwork wichtiger war als ich, der Quereinsteiger.
Leichte Zweifel über die Richtigkeit meiner Entscheidung kamen auch immer wieder dann auf, wenn mich Personalleiter oder Mitarbeiter der Personalabteilung in den Firmen, bei

denen ich mich beworben hatte, fragten, ob ich mir vor meinem Ausstieg überhaupt überlegt hätte, was ich da tue. Sie in ihrer (gut bezahlten) Funktion wären „happy", wenn sie so viel Freizeit hätten wie die Lehrerschaft. Auch meine Vorgesetzten gaben mir weise Ratschläge: „Geh, die 10 bis 15 Jahre bis zur Rente kannst ja auch irgendwie runterkurbeln. Steigere dich halt nicht so hinein in die Sache!" So etwas aus dem Mund von Schulbehörden erster und zweiter Instanz zu hören, ist schon ein Muntermacher. Oder etwa nicht? Auch jene Kollegen, die sich geschickt aus Krankheitsgründen in die Frühpension hinübergerettet hatten, sparten nicht mit klugen Tipps und Kommentaren – schließlich müssten sie es als Experten wohl wissen, was es heißt, schon mit 50 nicht mehr Gangdienste zu leisten oder Schullandwochen zu ertragen. Verständnis dieser Kollegen ortete ich also nur, wenn ich das Thema Frühpension anschnitt.
Schließlich hatte ich das Glück, Menschen zu finden, die verstanden haben, warum ich einen Beruf verlasse, den ich bis zuletzt mit voller Energie und vor allem mit Humor ausgeübt habe: Nämlich, nicht stehen zu bleiben und sich von den politischen Entwicklungshelfern in Sachen Bildung oder den ständig sich selbst überholenden Lehr- und Lernformen und Unterrichtsmethoden überrollen zu lassen. Sich dem zu stellen, wofür ich alle Jahre wie ein Prediger an meine Mädchen und Buben herangetreten bin – die eigenen Stärken zu erkennen, auch angstfrei nein zu sagen, wenn alle anderen laut und unüberlegt ja brüllen – auch zuzugeben, wenn man kein Handy hat oder lieber dem Vogelgezwitscher zuhören möchte als den Songs von Lady Gaga aus den iPod-Stöpseln. Wenn man als Lehrer begeistern kann, dann wird einem geglaubt und auch gefolgt. Und dann bleibt der Ruf nach Schul-

psychologen und Sozialarbeitern oder Security-Leuten im Schulgebäude von allein aus.

Rückblickend betrachtet waren es wunderbare Jahre. Dennoch konnten mich auch die zwei wichtigsten Gründe, dass jemand Lehrer wird, nämlich Juli und August, nicht mehr innerlich dazu überreden, die Schulglocke am ersten Septembermontag live anzuhören (obwohl es die in unseren modernen Schulen auch nicht mehr gibt), sondern anderswo mein Glück zu finden. Klar: Die kleinen Quälgeister werden mir fehlen, auch etliche der Kolleginnen und Kollegen, aber irgendwann werde ich ihnen wieder begegnen – als Kundinnen und Kunden in den Filialen meiner neuen Firma oder als Freunde im Freizeitbereich. „Wos, se san nimma Lehra? Schod, weu se woan leiwaund. Erinnern's eana no? Domois …“

Es ist nie zu spät, nachzudenken und neu anzufangen! Aber, Kolleginnen und Kollegen, bitte, noch vor dem Burn-out …

MONIKA KOBALE

Mater Salvatoris
Kenyongasse 4, 1070 Wien

Unterrichtsfach/fächer:
Religion, Deutsch, Chor,
Nachmittagsbetreuung, Beratungstätigkeit

Erfahrungssplitter

Ich bin gern Lehrerin. Immer? Fast immer. Fast immer? Fast-fast immer.

An einem solchen Fast-fast-immer-Tag – es ist ein Freitag in der sechsten Stunde Ende Februar – betrete ich die 3A, eine Klasse mit verlässlichem Gütezeichen für Lautstärke, Nerventraining und Geduldsprobe für Fortgeschrittene. Ich halte mich für eine Fortgeschrittene und öffne also kurz nach dem Läuten die Klassentür. Der Lärm dahinter ist unüberhörbar. Nach knapp 30 Unterrichtsjahren bin ich natürlich auch eine Fortgeschrittene in Vorstellungen, was einen alles hinter einer Klassentür erwarten kann. Das, was mich an diesem Tag erwartet, reihe ich unter „grenzwertig" ein. Schimpfwörter (mein Passivvokabular kreativer Schülersprache ist inzwischen beträchtlich angewachsen) fliegen Harry-Potter-Flüchen gleich durch die Luft, vor mir ein Knäuel von Kindern, einander überbrüllend, weil wohl jede Schülergeneration glaubt, die Lautstärke erhöhe auch die Schlagkraft der Argumente.

Ich besinne mich auf meine Fortgeschrittenheit – nicht nur

an Weisheit, sondern mittlerweile auch an Alter und Müdigkeit, kratze meinen Rest an Freitagsenergie zusammen und pflanze mich zu voller Größe neben dem Schülerhaufen auf – schweigend, denn jedes Gebrüll hätte sich zu wenig von der Szenerie abgehoben. Schließlich werden sie auf mich aufmerksam und lassen voneinander ab. Ich spüre die Wut im Raum und warte, bis alle ihre Plätze eingenommen haben.
Religion ist angesagt – Gegenstand des Lebens und Leben Lernens. Nicht immer nach Lehrplan. Sobald ich das Gefühl habe, wenigstens teilweise wahrgenommen zu werden, lautet mein wenig kreativer Einstieg: „Was ist los?"
Ich setze mich auf einen Tisch, was (wie wir seinerzeit lernten) Lehrer tunlichst unterlassen sollten, aber erstens bequemer, zweitens Überblick verschaffender und drittens weniger lehrerhaft ist, und versuche, ganz Ohr zu sein. Schließlich interessiert es mich wirklich; ich mag die Klasse und wir haben im Lauf der Jahre eine gute Gesprächsbasis aufgebaut.
Infolgedessen kommt auch gleich eine ganze Menge an Aussagen, natürlich alle gleichzeitig und eine lauter als die andere. Der Wunsch ist offensichtlich groß, ausführlich über die Klassensituation zu reden, weil die Streitereien mittlerweile sichtlich hohe Wellen schlagen und die Betroffenen allein nicht mehr damit zurande kommen.
Ich beschließe, den Klassenraum zu wechseln und mit der gesamten Bande in die „Chillout-Zone" zu wandern, einen großen Raum im Keller des Schulhauses, der als gemütliches Wohnzimmer eingerichtet ist. Dort bin ich an Nachmittagen für die Mädchen und Burschen der Oberstufe da, wenn es Probleme beim Lernen oder auch Sorgen persönlicher Natur gibt. Wir gehen also gemeinsam in den Raum, der sonst nur für die Großen gedacht ist und setzen uns in einen Kreis.

Die Atmosphäre hat sich spürbar verändert. Ich lade alle ein, ihre Sicht zur Sachlage zu äußern, und zwar im Bewusstsein, dass es nur ihre ganz persönliche Wahrnehmung ist und diese durchaus unterschiedlich zu anderen Wahrnehmungen sein könne. Langsam durchschaue ich das verworrene Beziehungsgeflecht, frage immer mehr staunend nach, ordne die Aussagen und signalisiere jedem und jeder Einzelnen Aufmerksamkeit und echtes Interesse.

Was lässt nun die Emotionen derart überschäumen? Für den Fall, dass jemand komplettes Chaos veranstalten will – hier das Erfolgsrezept:

Man nehme einen Tisch, auf dem ein Mädchen sitzt und der sich in einer fremden Klasse befindet. Dieses Mädchen wird im Streit rücklings hinuntergestoßen, ist erschrocken, schreit – nimmt aber dann wie üblich am Unterricht teil. Um schulinternes Chaos zu schaffen, lasse man in weiterer Folge eine Mutter in Erscheinung treten, die mit ihrem Sprössling ins Krankenhaus fährt und dort Anzeige wegen fremdverschuldeter Körperverletzung erstattet.

Daraufhin lasse man die Sache ein wenig ruhen. Ist etwas Gras darüber gewachsen, empfiehlt es sich, dass die Mutter des Täter-Mädchens ihrerseits Gegenanzeige bei der Polizei erstattet, und – das gibt erst die entsprechende Würze – ihrem 13-jährigen Töchterchen verbietet, ihren Freundinnen davon zu erzählen.

Die Polizei, die ihrerseits nun notgedrungen ins Spiel tritt, holt einzelne Zeugen aus der Klasse; die Gerüchteküche brodelt. Eltern drohen mit Jugendamt, Kinder sind total verunsichert und die Fantasie bringt ein buntes Gericht zustande. Der Rest geht fast von allein: Alte Konflikte in der Klasse werden als Zuspeise aufgewärmt, Intrigen gesponnen, Freundin-

nen gegenseitig ausgespannt, die Klasse in Lager gespalten, die Atmosphäre unerträglich, bis sie sich irgendwann entladen kann – eine flambierte Speise mit beeindruckender Flamme, die nach wie vor lodert – obwohl Freitag ist, sechste Stunde, also knapp vor dem Wochenende.
Es läutet. Das Gespräch ist immer noch in vollem Gang und konzentriert sich mittlerweile auf eine größere Mädchengruppe. Die Burschen nehmen mit mir Blickkontakt auf und gehen schließlich, betroffen schweigend. Die Mädchen bleiben. Der Papiertaschentuchumsatz steigt beträchtlich, aber die Anspannung lässt zusehends nach. Sie rücken einander näher, vorherige „Feindinnen" umarmen sich, sprechen über ihre Ängste; Missverständnisse klären sich langsam. Vielleicht ist es die gemeinsame Ratlosigkeit, die uns in diesem Moment so spürbar verbindet.
Vorderhand scheint alles gesagt zu sein. Wir sitzen noch eine Weile schweigend beisammen. Die Mädchen stört es nicht, dass es inzwischen 14.30 Uhr geworden ist. Ich durchforste alle meine bisherigen Erfahrungen und beschließe das zu tun, was uns Erwachsenen oft so schwer fällt: nämlich nichts – um das Problem bei der Lösung nicht zu stören.
Unterrichtet habe ich nicht. Gelernt haben die Schüler vieles. Ich auch.
Rückblickend betrachtet, ist die Klassengemeinschaft durch diese Begebenheit gestärkt worden. Auch der von den Mädchen gefürchtete Schikurs war in diesem Jahr eine gelungene Woche. Und das in der Klasse vormals geächtete Mädchen entwickelt sich prächtig weiter, arbeitet an sich und ihrem Verhalten anderen gegenüber. Noch einige Male gab es ähnliche Gespräche in der Klasse, im Vergleich zu dem geschilderten aber nur mehr „kleine Fische".

Vielleicht hätte ich diese Geschichte gar nicht für erzählenswert gehalten, wäre nicht noch eine überraschende Pointe dazugekommen – eineinhalb Jahre später:
In der letzten Religionsstunde der Unterstufe frage ich die Klasse, was die einzelnen Schülerinnen und Schüler für sich aus unserem Unterricht wohl mitnehmen würden. Besagtes Mädchen formuliert es so: „Ich habe durch unsere Gespräche gelernt, andere und mich selber wertzuschätzen und zu merken, wenn mich jemand mag.“ – Wow, ist ja megacool …
O ja, ich bin gern Lehrerin.

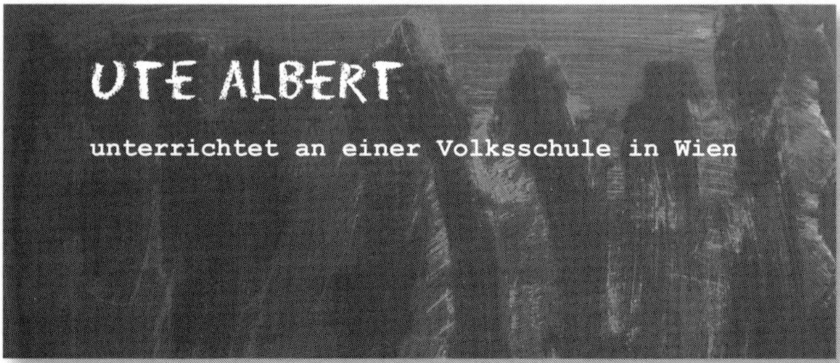

Martin lacht

Heute kommt ein neuer Schüler in die 1A. Christine, seine Lehrerin, schiebt ihn lächelnd vor sich her. Martin hat beide Hände in die Taschen seiner Jeans gestopft. Er schaut gar nicht begeistert drein. Noch weniger gefällt ihm, dass seine Frau Lehrerin beschlossen hat, dass er nicht mehr in seine Klasse passt. Er hat dort zwar keine Freunde, aber zumindest auch keine Feinde. Die anderen lassen ihn einfach in Ruhe. Daran hat er sich super gewöhnt. Wer weiß, was das jetzt für Kinder sind in der anderen Klasse.

„Das ist ganz ein lieber, aber sehr schüchterner Junge. Man sieht ihn kaum, bei uns geht er unter, fast als wäre er unsichtbar“, meint Christine. Wenn sie sich von einem Schüler trennt, dann hat das gute Gründe. Deshalb hat sie Martin auch in die zweite Klasse mitgenommen, weil sie gehofft hat, dass er noch auftaut. Aber Martin wurde immer ruhiger, machte immer weniger mit, lebte in seiner eigenen Welt. Den Lernstoff hat er auch immer weniger verstanden, weil er die ganze Zeit neben sich gestanden ist. Er hatte vermehrt das

Gefühl, nichts mitzukriegen. Da war es ihm lieber, sich ganz zu verschließen.
Dass er nicht immer gleich alles kapiert, das hat ihm die Mama auch schon vorgeworfen. In der Schule bestätigte sich dann das, was er zu Hause gehört hat. Dass er zu langsam ist und schneller weiter tun soll, dass er nicht immer so lang schauen soll, bevor er etwas macht, dass er weniger träumen soll und überhaupt, dass die anderen einfach besser sind. Das hat die Mama zwar nicht gesagt, sondern ihn dann doch wieder an sich gedrückt und gemeint, er wäre ihr kleiner Martinschatz, aber bei der Mama kann man nie so genau wissen. Die sagt mal das oder jenes, vor allem, wenn sie was getrunken hat. Manchmal ist sie urnett und manchmal schimpft sie echt arg rum. In so einem Fall verkriecht man sich besser, macht sich unsichtbar. Unsichtbar machen, das ist was Gutes. Keiner stört dich, keiner will was von dir, keiner schickt dich zum Mistkübel runter oder zur Nachbarin um ein Bier.
„Für den Martin ist es, glaube ich, besser, wenn er noch einmal in die erste Klasse geht", meint Christine. „Vielleicht hat er bei dir eine Chance", stellt sie fragend fest.
„Du hast ja Erfahrung mit so schwierigen Kindern", findet auch die Frau Direktor. Die hat ihr breites So-ist-es-und-so bleibt-es-Lächeln aufgesetzt, das Andrea bereits aus der Vergangenheit kennt.
„Okay. Heute ist Kampflächeln angesagt", denkt Andrea und lächelt zurück. Denn eigentlich ist ihr nicht ganz klar, wieso alle gar so viel lächeln. Wahrscheinlich um Martin zu bestärken, dass das alles super läuft hier für ihn. Oder um sich selbst zu bestärken, dass das eine tolle Idee war, den Martin nicht gleich zu Jahresbeginn die erste Klasse noch einmal machen zu lassen. Oder um Andrea an ihrer Lehrerinnenehre zu

packen und so zu rechtfertigen, dass sie jetzt noch ein nicht ganz einfaches Kind in die Klasse bekommt.
Egal, jetzt ist Martin erst mal da. Und wundert sich: Wieso „schwieriger Schüler?“ Er hat doch gar nichts gemacht. Ja, hin und wieder hat er wen geärgert, wem was weggenommen und dann so getan, als ob es ein anderer gewesen wäre. Aber seine Frau Lehrerin, die muss echt einen Röntgenblick haben. Denn die hat ihn fast immer durchschaut. Hat so getan, als wüsste sie alles. Hat ihn fast immer erwischt. In letzter Zeit waren das die einzigen Momente, wo sie ihn überhaupt bemerkt hat. Da hat sie sich dann richtig viel Zeit für ihn genommen, ihm tief in die Augen geblickt und gefragt: „Wieso machst du nur so etwas Schlimmes? Ich versteh dich nicht. Der andere hat dir doch gar nichts getan. Wieso nimmst du ihm jetzt die Fußballpickerl aus dem Federpennal weg? Du weißt doch, dass man so was nicht macht.“ Da hat Martin dann immer zu Boden geschaut und stumm genickt. Auf die Frage, warum er so etwas Schlimmes macht, hat er nie eine Antwort gewusst. Nur mit den Schultern gezuckt und ganz leise „weiß nicht,“ gemurmelt. „Jetzt geh auf deinen Platz und schäm dich.“ Christine hat ganz bekümmert ihren Kopf geschüttelt. Martin war auch traurig, weil eigentlich hatte er die Christine gern und wollte, dass sie sich über ihn freut. Aber irgendwie ist ihm das nicht gelungen.
Die neue Frau Lehrerin nimmt ihn an der Hand. „Komm, ich zeig dir deinen neuen Platz. Wir haben extra die Plätze getauscht, damit du neben einem ganz lieben Buben sitzen kannst. Schau, das ist der Bernhard. Bernhard, kannst du dem Martin helfen, seine Sachen auszupacken?“
Andrea ist ein bisschen mulmig bei dem Gedanken, dass Bernhard und Martin nebeneinander sitzen sollen. Denn Bernhard

ist zwar ein lieber Bub, andererseits aber auch ganz schön aufgeweckt.
Als Bernhard gleich aufspringt und Martin ganz nett hilft, schrumpfen Andreas Zweifel. „Vielleicht klappt ja alles besser als gedacht."
In den nächsten Tagen entwickelt sich Bernhard zur großen Hilfe. Der Auftrag, sich um Martin zu kümmern, den er von Andrea bekommen hat, nimmt er sehr ernst. Er weicht Martin nicht von der Seite und bereits nach wenigen Tagen sind die beiden dicke Freunde – und Martin kann zum ersten Mal lachen.

HERBERT STADLER

Sonderpädagogisches Zentrum für
integrative Betreuung
Hoefftgasse 7, 1110 Wien

Unterrichtsfach/fächer: Im Teamteaching
alle Gegenstände (außer Religion)

Eigentlich ein ganz normaler Tag ...

Der folgende Beitrag schildert den ganz normalen Schulalltag einer Hauptschul-Kleingruppenklasse in einem Wiener Sonderpädagogischen Zentrum. Gründe für die Aufnahme in diese Klassen sind unter anderem soziale und emotionale Verwahrlosung, untragbare Verhaltensweisen gegenüber LehrerInnen und MitschülerInnen, Schul- und Lernverweigerung, Gefahr des Abgleitens in die Kriminalität und Suchtproblematik. Die Arbeit mit sozial und emotional benachteiligten SchülerInnen, so genannten Verhaltensauffälligen ist permanente Beziehungsarbeit.

Es ist regnerisch, ein Montag, erfahrungsgemäß ein heikler Schultag.

Die Schüler haben ein Wochenende hinter sich. Meiner Kollegin und mir gehen die üblichen Gedanken durch den Kopf: Was war wieder los am Wochenende, wo haben sich unsere Schützlinge herumgetrieben, was haben sie erlebt, verarbeitet oder nicht verarbeitet? Wer hatte Polizeikontakt? In welcher Stimmung werden sie zum Unterricht kommen? Welche Lern-

bereitschaft werden sie mitbringen? Wer wird kommen, wer nicht? Die knisternde Spannung des Wochenbeginns liegt in der Luft.
Manuel (15) wartet vor der Klassentür. Freude, dass er da ist. Wir müssen heute unbedingt mit ihm reden. Am Freitag riefen uns seine verzweifelten Eltern an: Der vierte Vollrausch in zwei Wochen, wobei der letzte am vergangenen Mittwoch der schwerste war. Nun wissen wir auch, warum er nicht in der Schule war. Manuel war eine Viertelstunde bewusstlos, Notruf, Rettung, zwei Tage Spital. Manuel ist in einer Clique, wo nur getrunken wird. Dabei geht es sonst – laut seiner Mutter – zu Hause viel besser, seit er in unserer Klasse ist.
Bevor er zu uns kam, sprang er zuletzt sogar seiner Lehrerin an die Kehle, zeichnete sich permanent durch Aggressivität aus, auch seiner Mutter gegenüber. Sein Verhältnis zum autoritären Vater – ein trockener Alkoholiker und zeitweise arbeitslos – ist schwer gestört.
Wir zeigen Manuel unsere Freude, dass er wieder da ist. Ich erzähle ihm von den Sorgen seiner Eltern, ersuche ihn um ein Gespräch – irgendwann am Vormittag. Ich lasse ihn noch wissen, dass sein Alkoholproblem sicher seine spezielle Geschichte ist. Dass er ein netter Schüler ist und wir froh sind, ihn zu haben, aber eine andere. Daran wird nicht gerüttelt! Ein Ansatz eines Lächelns huscht über sein bleiches Gesicht.
8.10 Uhr. Wir setzen uns mit unseren Schülern zusammen. Günther (14) wird erwartungsgemäß zu spät kommen. Wie schon so oft, besprechen wir mit den Anwesenden die Verhaltens- und Klassenregeln. Diese werden heute widerspruchslos von den Schülern zur Kenntnis genommen. Sind die Burschen etwa noch nicht munter? Michi grinst verständnislos und Franzi vermittelt via Körpersprache, dass wir gerade bei ihm

noch ein gutes Stück Arbeit vor uns haben, bis diese Regeln akzeptiert sind.
Wie erwartet, platzt Günther mitten in die Stunde hinein (8.35 Uhr) und setzt sich, ein „Morgn!“ brummend, auf seinen Platz. Teilnahmslos liest er die schriftlich ausgeteilten Regeln. Anschließend schiebt er den Zettel rasch wieder weg, ganz so als ob das Geschriebene nichts mit ihm zu tun hätte.
8.40 Uhr. Pause. Günther erklärt seine Verspätung, er ist und bleibt ein Individualist. Den Vogel schoss er letztes Schuljahr ab, als er gegen 12 Uhr in die Klasse kam und beim Hereinkommen beschwichtigend sagte: „Regen's Ihna nit auf, Herr Lehrer, i waß, i bin a bissal z'spät dran!“
Die Mathematikstunde bringen wir mit viel Geduld und gezielten Streicheleinheiten ganz gut über die Runde. Michi (13) lieferte Situationskomik. Ich suche nach einem Alltagsbeispiel: „Michi kauft 3 Tafeln Schokolade zu € 1,50 und noch 2 Dosen Cola zu € 0,99 …“ Günther unterbricht mich und meint trocken: „Gehn S' Lehra, so wos fladert ma jo!“
9.40 Uhr. Große Pause. Jause. Schüler haben des Öfteren keine Stärkung mit. Dann liegt es an uns, sie zu versorgen. Franzi (14) fragt mich, ob er am Gang Tischtennis spielen darf. Ich erinnere ihn an die Regel: „Tischtennis dann, wenn alle deine schulischen Aufgaben erledigt sind!“ Er wolle aber jetzt spielen! „Nein, es geht nicht! Regeln sind da, um eingehalten zu werden – wir haben uns darauf geeinigt!“ – „Und wenn ich doch spiele?“, fragt er provokant. „Dann musst du mit Folgen rechnen!“, sage ich bestimmt. Er weiß nicht, wie er das einschätzen soll. Er ist neu in der Klasse. Einerseits verstehe ich seinen Wunsch nach unmittelbarer Bedürfnisbefriedigung, anderseits weiß ich aus Erfahrung, dass gerade diese Auseinandersetzungen oft Testcharakter haben – und

wehe, wenn man diese Situation nicht erkennt. Schüler verstehen bedeutet ganz sicher nicht, alles zu tolerieren! Franzi zieht wütend ab, schreit etwas, was an dieser Stelle nicht wiedergegeben werden kann, aber er wird's heute sicherlich wieder versuchen – er will seinen Willen durchsetzen. Vermutlich wird er uns seinen Protest später durch Arbeitsverweigerung spüren lassen.

Noch immer Pause. Auch heute setzen sich Schüler zu uns und beginnen einfach zu reden. Wir hören zu, interessieren uns für ihre Probleme, schenken ihnen Zeit – für die meisten eine Ersterfahrung. Das scheinbar belangslose Plaudern ist häufig die Vorstufe für Aussagen mit Tiefgang, wir bekommen wichtige Hintergrundinformationen, die helfen, unser Verständnis für die Burschen zu vertiefen. Diese Plaudereien sind ein Mosaikstein unter vielen, die Vertrauen schaffen – zwischen uns LehrerInnen und den SchülerInnen – wichtiger Bestandteil unserer Beziehungsarbeit im Lebensraum Schule.

Diesmal erzählt Michi von seiner Mutter. Sie starb an Krebs. Scheinbar emotionslos schildert er bizarre Details. „Das muss wohl sehr schlimm für dich gewesen sein?" – „Nein, nein!", beruhigt er uns lächelnd. Reiner Selbstschutz, wie sollte er sonst damit leben können? Und Richard (15) erzählt: „Wissen S', mei Muatta hot mi, wia i kla woa, imma g'holtn und da Vota hot mi dann mit an Ledagirtl g'haut. Des hot scho weh taun!" Seine Narben sind geradezu spürbar. Darüber hinaus erfuhren wir, dass er bereits als kleiner Bub in den Trafiken Schmiere stehen musste, damit sein Vater Zigaretten klauen konnte.

Franzi nimmt wieder den Tischtennisschläger. Ich sage „Franzi, du weißt …!" Und bin mir sicher, dass er das gleiche Spiel mit meiner Kollegin versuchen wird, aber ebenso sicher

bin ich, dass es ihm auch bei ihr nicht gelingen wird. Es ist enorm wichtig, dass wir beide am selben Strang ziehen. Differenzen auf Erwachsenenebene würden die Burschen mit ihrem unbestechlichen Seismographen sofort aufspüren und für den Rest des Schuljahrs versuchen, uns gegeneinander auszuspielen. Nur gemeinsam sind wir stark, und gerade dadurch geben wir ihnen den Halt, den sie brauchen. Grenzen vermitteln auch Sicherheit. Unsicherheit macht Angst. Angst und Aggression korrelieren in der Regel; nicht das Setzen von Grenzen, sondern ihr Fehlen ist oft eine Wurzel von Aggressivität. Halt ist aber auch ein Synonym für Geborgenheit. Viele dieser Schüler mussten sich ihr Leben lang nur ver-halten, ohne jemals ge-halten worden zu sein. Im Grunde genommen immer Opfer ihrer Umstände. Mir gehen so manche Gedanken im Lauf des Vormittags durch den Kopf.
Es ist kurz nach 10 Uhr. Meine Kollegin beginnt mit der Deutschstunde. Ich spreche nun mit Manuel ausführlich über sein Alkoholproblem, seine Situation zu Hause, seine persönlichen Probleme. Wir sind allein in der Schulbibliothek. Ich höre ihm zu, versuche zu verstehen – Abgründe tun sich auf. Mir kommt eine Bemerkung Paul M. Zulehners in den Sinn. Im Rahmen eines Vortrags sprach er von der „psychischen Obdachlosigkeit" vieler Kinder und Jugendlicher in Zeiten wie diesen.
Deutschstunde. Meine Kollegin spielt unterdessen mit den in der Klasse verbliebenen Schülern den „Rechtschreibkönig"; eine allseits beliebte Übung. Beziehungsarbeit steht zwar im Mittelpunkt unseres täglichen Tuns, gleichzeitig soll aber das Unterrichten nicht zu kurz kommen. Auch in unserer Klasse geht es um die Vermittlung von elementarem schulischem Grundwissen – schließlich warten Lehre und Berufsschule auf

die meisten von ihnen. An uns liegt es nun, sie behutsam an das heranzuführen, was wir ihnen schulisch abfordern möchten. Unterricht im herkömmlichen Sinn kann mit unseren sozial und emotional benachteiligten Schülern nicht stattfinden.
Das Gespräch mit Manuel verläuft überraschend konstruktiv. Überraschend? Eigentlich nicht! Ein halbes Jahr intensiver Beziehungsarbeit trägt in der Regel Früchte. Das Gespräch ist auch insofern leichter zu führen, da Manuel ein begabter und gescheiter Bursche ist – bei anderen ist's oft weitaus schwieriger. In jedem Fall muss man die eigenen Argumente permanent in die Gedankenwelt der Schüler übersetzen, ihre Sprache verwenden, um andocken zu können, viel Geduld aufbringen. Trotzdem scheitert man bisweilen an der inneren Mauer des Gegenübers – und versucht doch immer wieder aufs Neue zu verstehen.
Nach einer guten halben Stunde gehen wir wieder in die Klasse zurück, es regnet, nahezu symbolisch für Manuels derzeit tristes Innenleben. Wir bekommen diese Schüler für Stunden aus dem Chaos (von zu Hause) heraus, aber oftmals nicht das Chaos aus ihnen. Abschließend verspricht Manuel, sich von seinen Freunden fernzuhalten – und wird es wohl wieder nicht schaffen.
Zu meiner Überraschung ist Erich zu Besuch. Erich war vergangenes Schuljahr bei uns, und wir konnten für ihn in Wien eine Installateurlehre finden. Nach wenigen Fragen stellen wir erleichtert fest: Er arbeitet noch. Schnell wird klar, warum er hier ist – er braucht Zuhörer, ein ganzer Rucksack voller Probleme lastet auf seinen Schultern. Wir können und wollen zuhören.
Infolge seiner Schilderungen tun sich Abgründe auf, und ich spüre wieder den „hilflosen Helfer“ in mir – wie Erwin Ringel

einst so treffend die Situation für Lehrkräfte beschrieb. Wir müssen aufpassen, dass wir mitfühlen, aber nicht mitleiden, mit unseren Schülern mitgehen, dabei aber selbst nicht untergehen. Eine Gratwanderung, die ich manchmal schaffe und manchmal nicht.

Erich verlässt uns wieder. Ich begleite ihn hinaus. Nervös zieht er an seiner Zigarette. Ich wünsche ihm alles Gute und erinnere ihn daran, dass er bei uns jederzeit willkommen ist, dass er mich anrufen möge, wenn es ihm schlecht ginge.

Mit Erich verbindet mich eine berührende Geschichte: Er war erst kurze Zeit bei uns, und wir übten für die Mathematik-Schularbeit. Am Tag der Schularbeit blieb ich immer wieder bei ihm stehen, zeigte ihm mal da, mal dort etwas, ging auf Fragen ein, half ihm bloß so viel, dass die Mitschüler nicht protestierten. Gemeinsam schafften wir die Schularbeit. Am Ende kam ein „Gut" heraus. Erichs Strahlen vergesse ich nicht so schnell. Wenige Tage später war Weihnachten. Nach den Weihnachtsferien rief mich seine Mutter an. Ihre Stimme klang sehr ergriffen: „Herr Lehrer, Sie können sich nicht vorstellen, was der Erich gemacht hat. Er hat seine Schularbeit in Weihnachtspapier gewickelt und für uns unter den Baum gelegt! Er hatte zum ersten Mal einen Zweier geschrieben!"

Und da ist noch René (16). Sieht allerdings aus wie ein Zwölfjähriger. Verdacht auf Magersucht. Scheidungsjugendlicher. Hin und her gerissen zwischen seinem Vater und seiner Mutter – die üblichen Loyalitätskonflikte. Manchmal unansprechbar, apathisch, im Schneckenhaus seiner verletzten Gefühle verkrochen. Auf die Frage, wie es ihm gehe, hören wir meist ein stereotypes: „Eh gut, was fragen Sie immer?" Ein Bild des Jammers! Mich wundert schon lange nicht, dass Kinder durchdrehen oder im wahrsten Sinn des Wortes ein ver-rücktes Leben

führen – vielmehr wundert es mich, dass nicht mehr Kinder sich ausklinken angesichts der Umstände, die sie mitunter jahrelang zu ertragen und auszuhalten haben. Ertragen und aushalten! Die beiden Begriffe haben halten und tragen in sich – unser Angebot an unsere Schüler.
Manuel und Richard kommen zu mir.
Richard wiederholt die vierte Klasse Hauptschule, war fünf Monate nicht in der Schule; sozial-emotional auf Volksschulniveau, zugleich allerdings sehr intelligent mit einem erstaunlichen Allgemeinwissen, das er seinen Mitschülern gegenüber gern ausspielt. Die wiederum rächen sich, indem sie ihm zeigen, dass Muskelkraft dem Hirnschmalz vorzuziehen ist.
Beide fragen, ob wir heute noch Fußball spielen. Kein Problem! Wir sind mit unserem Tagespensum fertig. Bloß Franzi streikt noch immer. Wir werden ihn nicht zwingen zu arbeiten – das endet meist im Chaos und bringt nichts! Aber während die anderen spielen, werde ich mit ihm in der Klasse bleiben, reden, motivieren, hoffen! Ja, hoffen, dass er trotz der Grenzen und Konsequenzen spürt, dass ich ihn mag. Das ist mir sehr wichtig, denn: Einen Schüler, den ich nicht mag, kann ich nicht unterrichten. Und ein Schüler, der das spürt, lässt sich nicht unterrichten. Oft leichter gesagt, als getan – und doch ist es so und niemals anders. Ich arrangiere ein Match mit unserer Nachbarklasse. Es ist mittlerweile 11.20 Uhr. Meine Kollegin begleitet die Schüler in den Turnsaal. Natürlich muss Richard wieder mal an alle Klassentüren klopfen! Einmal nichts sagen …
Franzi schreibt dann doch – ich gebe mich mit der Hälfte zufrieden. Die Tatsache, dass er seinen Widerstand aufgab, muss belohnt werden. Wir gehen gemeinsam zu den anderen in den Turnsaal. Zwischendurch bin ich dann wieder überrascht und

erfreut, wie normal die Burschen miteinander umgehen können: Das Spiel verläuft zu Beginn problemlos – nur hin und wieder sind Schlichtungseingriffe notwendig. An der „tiefen Sprache“ untereinander müssen wir freilich noch arbeiten. Kein leichtes Unterfangen!
Günther setzt sich zu mir auf die Langbank. Er will heute nicht mitspielen: „Hab keinen Bock!“ Ist auch okay. Offensichtlich will er heute nur reden. Er plaudert über das vergangene Wochenende. In der Disco, im *Nachtwerk* sei er gewesen, auf einer Schaumparty. „Zu“ sei er gewesen. Mit dem Lebensgefährten der Mutter verstehe er sich ganz gut, auch wenn der „oft deppert“ ist.
Ich höre ihm zu und freue mich: Vor einem Jahr war er noch die personifizierte Wut, redete über nichts und mit niemandem und lernte erst in diesem Schuljahr, dass der Mensch auch lachen kann. „I waß net, wos des is', Herr Lehra, plötzlich spür i a so a Wut in mir hochsteig'n, und dann kinnt i olle z'samm haun!“, erklärte er mir einmal. Mittlerweile geht es ihm mit uns viel besser, er klopft mir manchmal auf die Schulter: „Na, Lehra? Wie geht's?“ Und lacht dabei! „Glücklich und gut wird der Mensch nur zugleich.“ (Platon)
Zwischendurch erinnern wir die Burschen gern an ihre Anfänge bei uns in der Klasse und lassen sie immer wieder wissen, wie sehr wir uns über ihre Fortschritte freuen. Dass sie auf sich stolz sein können, was sie bisher geschafft haben. „Weißt was, Günther?“, sage ich am Ende unseres Gesprächs zu ihm: „Es is' klass', dass di' gibt!“ – „Bledsinn!“, meint er abwehrend. Der Klang seiner Stimme verrät, dass er das nicht glauben kann und es doch gern hört.
Wir müssen nun das Spiel abbrechen – es ging lange gut, aber nun kommt es vermehrt zu Streitereien. Aggressionen bauen

sich auf. Rechtzeitig erkannt, eskaliert die Situation nicht. Und wieder diese scheußliche Fäkaliensprache! Wir müssen reden, reden, reden! Alltagsroutine.
Es ist fast 12 Uhr.
Die letzte Unterrichtsstunde verläuft problemlos, da „freies Zeichnen" immer gut angenommen wird. Franzi ist früher mit seiner Zeichnung fertig und so geht sich noch ein kurzes Tischtennismatch mit ihm am Schulgang aus. „Morgen, Franzi, machen wir es gleich so und du wirst sehen, es geht uns dann beiden viel besser!" Beziehung ist nicht alles in der Schule, aber ohne Beziehung ist alles nichts!
Es ist fast 13 Uhr. Eigentlich ein ganz normaler Tag.

CHRISTINE MARISKA

Volksschule
Laimäckergasse 17, 1100 Wien

Unterrichtsfach/fächer:
alle Fächer außer Religion

Unpassend gekleidet

Es war die Zeit, in der die Schülerzahlen geradezu explodierten und unsere Stammschule aus allen Nähten platzte. Um Raum für alle Volksschüler zu schaffen, wurde der Ballspielplatz vor der Schule für die Errichtung eines Pavillons adaptiert. In ihm waren vier Klassen, ein Gymnastikraum und zwei Gruppenräume untergebracht. Jede Klasse verfügte über einen kleinen Vorraum mit Toiletten und einer Garderobe. Der Gymnastikraum lag in der Mitte, flankiert von zwei Klassen und deren Vorräumen. Um ihn von beiden Seiten zugänglich zu machen, gab es an jeder Breitseite eine Eingangstür. Schüler, die in den Pavillonklassen unterrichtet wurden, zogen sich in den eigenen Klassen um, bevor sie den Gymnastikraum zur Turnstunde betraten. Kinder aus dem Hauptgebäude durften die Pavillongarderoben benutzen.
Für die Lehrer gab es keine Umkleidemöglichkeit. Aber das war für mich nicht wirklich ein Problem, denn an Tagen mit Turnunterricht zog ich es vor, bereits in bequemer Sportkleidung zu erscheinen. An diesem verhängnisvollen Tag jedoch,

es war Ende Mai und bereits sehr warm, vergaß ich auf mein sportliches Outfit und zog ein leichtes Sommerkleid an. Auch auf einen BH verzichtete ich. Am Ende dieses Schultages stand Turnen auf dem Stundenplan. Ich begab mich mit meiner damaligen dritten Klasse aus dem Hauptgebäude in den Pavillon zum Turnunterricht. Anfänglich erwog ich, mich diesmal nicht umzuziehen, doch dann nahm ich doch mein Turnsackerl mit Shorts und T-Shirt mit. Im Pavillon angekommen, nahmen meine Schüler die Garderobe vor dem Gymnastikraum in Besitz und begannen sich umzuziehen. Ich jedoch zögerte noch. Wo sollte ich mich umkleiden? Vor den Kindern? Ohne BH? Unmöglich!
Also bestimmte ich zwei Kinder zu Wächtern, deren Aufgabe es war, die Eingangstür zum Gymnastikraum im Auge zu behalten, damit ich mich in Ruhe im Turnsaal umziehen konnte. Niemand durfte in dieser Zeit die Tür aufreißen und hineinstürmen. Dann begann ich mit der Umzieherei. Natürlich beeilte ich mich, denn die Schüler machten vor der – nur angelehnten – Tür ordentlich viel Krach.
Meine Turnkleidung lag schon auf einer Langbank bereit, als ich mich des Sommerkleides entledigte. Ich wollte gerade in das T-Shirt schlüpfen, als die gegenüberliegende zweite Tür aufgerissen wurde. Nur mit der Unterhose bekleidet stand ich da, wie vom Blitz getroffen. In der Türöffnung erschien, nicht wie ich dachte, ein neugieriger Schüler, sondern unsere Frau Direktor. Neben ihr stand, verlegen lächelnd, der Schulinspektor. Alles, was ich sagen konnte, war „ohh“ und auch er brachte nicht viel mehr zustande. Dann wurde die Tür eiligst geschlossen. Nachdem ich mich vom ersten Schreck erholt hatte und turnmäßig gekleidet wieder im Vorraum erschien, wurde dieser Vorfall aufgeklärt.

Auf Grund der Tatsache, dass der Pavillon neu war, wollte ihn der Herr Inspektor in Begleitung unserer Schulleiterin inspizieren. Da sie den Pavillon durch die Hintertür betraten, fielen ihnen die Kinder in der ersten Garderobe nicht auf, und auch meine „Wächter", die brav die Türe observierten, bemerkten nichts. Da die Garderobe auf der anderen Seite leer stand und die zweite Tür zum Gymnastikraum unverschlossen war, wurde sie von meiner Chefin mit den Worten: „Und das ist der Gymnastikraum", mit Schwung geöffnet. Was der Herr Inspektor zu sehen bekam, verschlug ihm fast die Sprache! War es der nicht erwartete Anblick oder mein damals noch jugendlicher Körper? – Ich vermag es nicht zu sagen, und auch der Herr Inspektor hüllte sich diskret in Schweigen. Nur meine Chefin meinte: „Diese Pavillonbegehung wird uns wohl immer in Erinnerung bleiben!"

BARBARA ZIEGERHOFER-BODMANN

Hauptschule St. Marein bei Graz

Unterrichtsfach/fächer: im Teamteaching alle Gegenstände, in denen Kinder/Jugendliche mit sonderpädagogischem Förderbedarf zusätzlich gestützt und gefördert werden

Kopfschwirren*

Ich muss mich beeilen. Ich habe einen Arzttermin. Ich bin froh, dass ich nicht Blutdruck messen gehe. Mein Wert wäre zum Explodieren hoch. Anschließend habe ich noch ein Seminar bis am Abend. Werd mir noch wo eine Wurstsemmel kaufen, bis zum Abend wird es lang. Das war heute wieder einmal der helle Wahnsinn. Und ich war unfair!
Bei der Frühaufsicht musste ich mich zehnmal rechtfertigen, warum ich ihnen nichts vom Fototermin gesagt habe, der heute ausgefallen ist. Ich musste Auskunft geben, seit wann ich weiß, dass der Fotograf krank ist. Das heißt, ich durfte damit meine Unschuld beweisen, „Ja ich hätte euch gestern angekündigt, dass …, aber ich habe euch nichts davon gesagt, weil der Fotograf krank wurde. Ja, natürlich hätte ich euch sonst mitgeteilt, dass heute Fototermin gewesen wäre, wenn

---

* *Diese Schilderungen entstanden im Rahmen meiner Arbeit als Integrationslehrerin einer vierten Klasse Hauptschule in meiner „alten" Schule.*

der Fotograf nicht krank geworden wäre." Welch eine Aufregung und das schon in aller Früh!
Es läutet. Erste Stunde Mathe. Vier von zwölf SchülerInnen haben die Hausübung nicht gemacht. Auf die Frage warum muss ich mir anhören, dass Sabine ihre Aufgabe nicht machen konnte, weil sie abends Ballettunterricht hatte und erst spät nach Hause gekommen sei, worauf Rudi aus der hinteren Reihe laut ruft: „Warum hast's denn nicht in der IL-Stunde (Individuelles Lernen) gemacht?" Ich bin froh, dass Sabine es nicht gehört hat. Das hätte wieder einen Streit ausgelöst. Ich hake jedoch ein. So, jetzt bekomm ich es ab. Mit Zorn funkelnden Augen zischt mich Sabine an: „Da hab ich halt was anderes machen müssen!"
Ich getraue mich trotzdem zu fragen, was.
„Zuerst hab ich einen Brief lesen müssen und dann …" Vielleicht sollte ich jetzt besser nicht auch noch in die Luft gehen. Sabines Stimme ist bereits erregt genug. Vielleicht sollte ich es so betrachten: Die Kinder haben den Sinn der Schriftsprache entdeckt. Vielleicht ist der Inhalt dieses Briefes wichtig fürs soziale Lernen und ich könnte vielleicht hoffen, dass die Schreibweise sich einigermaßen mit der allgemeinen Rechtschreibung deckt.
Da meldet sich Otto aus der letzten Reihe und fordert lautstark eine Erklärung dafür, warum Lehrer von SchülerInnen verlangen, dass sie Hausübungen machen müssen. Die Diskussion endet nach etwa zwanzig Minuten mit dem Resultat – SchülerInnen können anscheinend in der Schule keine Leistungen mehr erbringen, da es keinen Getränkeautomaten mehr gibt und nur mehr gesunde Jause. Es wird das Für und Wider von Fanta, Wurstsemmeln und Co. besprochen. Manuela, die sich bis jetzt sehr ruhig verhalten und ihr Heft gra-

fisch gestaltet hat (sie ist wirklich eine gute Zeichnerin!) leistet einen wichtigen Beitrag zum Thema.
Was war eigentlich das Thema? Warum es nicht möglich ist, dass eine Klasse von zwölf SchülerInnen am Unterricht teilnimmt? Warum es wichtig ist, die Aufgaben zu machen oder war es der Getränkeautomat? Manuela meint: „Dicke Kinder seien selbst schuld, weil sie dicke Eltern haben" (Sie hat ihre Hausübung auch nicht gemacht!) Oder hat sie gemeint: „Dicke Kinder sind arm, weil sie dicke Eltern haben." Diesen Beitrag zur Diskussion habe ich nicht mehr ganz verstanden. Ich würde gern die letzten zehn Minuten noch die Hausübungsergebnisse gemeinsam überprüfen. Valentin nennt das erste Ergebnis. „Du Trottel", schreit daraufhin Susi und nennt ihr Ergebnis. Nun ist perfekte Aufregung. Ich würde ihnen gern mitteilen, dass sie alle richtig gerechnet haben (zumindest die wenigen „alle" die ihre Hausübung gemacht haben). Dass sie nur mit verschiedenen Maßeinheiten gerechnet haben. Ich kann es ihnen leider nicht sagen, da das aufgebrachte Geschrei zu laut ist und mir meine Stimme versagt. Ich sollte doch einen Kurs für Stimmbildung belegen, dann könnte ich noch lauter schreien als sie. Eigentlich wollte ich nur von Valentin hören, was er herausbekommen hat, aber das ist nicht mehr Thema.
Als die Titanic erfolgreich gesunken und Ruhe eingekehrt ist, frage ich Valentin noch, wie er gerechnet hat, frage ihn nach der Formel. Max fällt mir ins Wort und erklärt mir, er habe mit dem Taschenrechner gerechnet und das Ergebnis ins Buch geschrieben. Es stellt sich heraus, dass Valentin das Ergebnis auch ins Buch geschrieben hat und wir beginnen eine Diskussion, warum man die Aufgabe ins Heft machen muss, wenn der Lehrer sagt, dass die Aufgabe ins Heft gemacht werden

muss. Klaus bringt zum Glück wieder den Getränkeautomaten ins Spiel. Ich werde die Erste sein, die das Volksbegehren für Getränkeautomaten an Schulen unterschreibt, wenn es dann möglich ist, die Kinder zu unterrichten, wenn die SchülerInnen den Unterricht nicht mehr schmeißen und ihre Aufgaben bringen.
Pause. Valentin hinkt mit einem Fuß im Hausschuh und dem anderen im Straßenschuh durch den Gang. Ich hoffe, dass er sich kein Hüftleiden von der Schräglage durch die unterschiedliche Höhe der Schuhe holt und dass seine doppel-S-förmig gekrümmte Wirbelsäule, wie der Homo Sapiens im Gegensatz zu den Hominiden sie zu haben pflegt – siehe Biologie siebente Schulstufe –, nicht bald die Form eines Fragezeichens annimmt.
Nächste Stunde Geografie.Die letzte Reihe ist wieder einmal nicht gewillt, sich am Unterricht zu beteiligen. Arbeitsauftrag: „Schlagt das Buch Seite 34 auf und den Atlas!". Ich werfe böse oder – auffordernde Blicke in die letzte Reihe. Langsam, sehr langsam, kommen sie dem Auftrag nach. Es spricht sich dann doch herum, dass das Buch auf Seite 34 aufgeschlagen werden soll und nicht das Heft. Atlas besitzt in der letzten Reihe niemand. Sandra muss strafweise zu lesen beginnen. Sie kommt prompt der Aufforderung nach. Während sie liest, flüstert ihr ihre Banknachbarin Claudia ständig irgendetwas zu, was wiederum Sandras Lesefluss erheblich beeinflusst. Der Teamteaching-Kollege äußert sich daraufhin über Sandras mangelnde Lesefertigkeit. Ich finde es unfair, dass sie es abbekommt! Robin Hood der Rächer der Armen und Schwachen meldet sich aus einer der vorderen Bankreihen zu Wort und beschimpft den Kollegen aufs Übelste, weil dieser sich ein Urteil über Sandras Leseleistung abzugeben getraut. Die Stimmung

ist leicht aufgeheizt. Robin Hood sitzt mit Ohrstöpsel im Ohr und schimpft wild vor sich hin. Nicht über die heutige Jugend, nein, er schimpft über die heutigen Lehrer. Daraufhin muss er seinen Ohrstöpsel abgeben, was ihn mörderisch erzürnt. Angeblich kann er sich mit zugestöpselten Ohren besser konzentrieren, und ich habe das auch schon beobachtet. Er ist wirklich ruhiger damit. Sollte ich einmal ausprobieren, ob man dann wirklich besser zuhören kann. Oder vielleicht filtert ein Ohrstöpsel im Ohr nur das Chaos rundherum.
Zwei Schüler kippen laut polternd, zeitgleich, beim Sesselschaukeln um. Zwei Schüler wollen mehr über die Berliner Mauer erfahren. Schade, ich hätte ihnen sehr gern mehr darüber erzählt. Ich wüsste so viel. Ich war im Osten, bevor die Mauer gefallen ist. Währenddessen beginnt aber leichte Unruhe in der Klasse. Einige Sessel stehen verlassen auf ihrem Platz. Klaus trinkt Wasser aus dem Wasserhahn. Es hört sich an, als ob er ein Vollbad nehmen würde. Der Kollege ist in der Zwischenzeit kurz vorm Explodieren. Seine Stimme überschlägt sich, was einen heftigen Lachsturm bei einigen SchülerInnen auslöst. Soll ich sie jetzt über ihre Respektlosigkeit gegenüber Autoritäten, ihre Respektlosigkeit gegenüber Erwachsenen aufklären? Soll ich's ihren Eltern petzen? Oder wissen die SchülerInnen ohnehin Bescheid über ihr Benehmen und ich brauche es ihnen nicht zu sagen? Brauchen sie uns nur als Kratzbaum? Was wollen diese Kinder eigentlich?
Max erzeugt in der Zwischenzeit Berge von Uhu-Kugeln. Soll ich ihnen jetzt vom Osten weitererzählen, ihnen sagen, dass man während der Stunde nur in Ausnahmefällen den Platz verlässt oder etwas über die Halbwertszeit von Uhu-Kugeln? Dass, wenn die Menschheit ausgestorben sein wird, und die Bevölkerung aus einer neuen Dinosauriergeneration oder aus

grünen Männchen vom Mars besteht, dann diese Uhu-Kugeln noch immer leben und die neuen Erdbewohner sie vielleicht essen, weil sie sie für Nahrung halten, und diese armen Wesen dann davon Bauchweh bekommen? Oder dass um diese Uhu-Kugeln vielleicht einmal Kriege geführt werden könnte, weil die neuen Erdbewohner sie für Diamanten oder so etwas in der Richtung halten?

Mir schwirrt der Kopf. Wo anfangen?

Das Fass ist voll, wie man so schön sagt oder anders betrachtet: 24 Paar Füße, auf einem zu dünn gewordenen Nervenstrang herumgetrampelt, macht 48 Füße zwischen Schuhgröße 36 und 45 und 50 bis 70 Kilogramm Lebendgewicht. Und ich war unfair, und hab diejenigen betoniert, die immer ihre Pflichten erfüllen, auf die man sich verlassen kann. Diejenigen, die sich nur beschwert haben, kein Informationsblatt über die bevorstehende Impfung bekommen zu haben.

Auf welcher Baustelle beginne ich nun zu ordnen? Sollte ich zuerst diese blöden Zettel kopieren gehen oder den Jungen mit der Aussage „Wo sonst sollen wir unsere Aggressionen rauslassen, wenn nicht in der Schule?“ fragen, wie es ihm geht? Gibt es unter den Kindern solche, die zu Hause zu hart bestraft werden?

Sie bekommen von uns keine Strafen, auch wenn sie uns aufs Derbste beschimpfen. Wir könnten sie einfach ihren Eltern übergeben, damit die sich um die Strafen kümmern. Oder wir könnten wieder einmal über das Thema Hausschuhe diskutieren.

Sollte ich mir vom Hausarzt Fotos von Fußpilzen besorgen? Ich hab schon welche gesehen. Schaut zum Kotzen aus. Valentin hat heute einen Hausschuh und einen Straßenschuh an. Wahrscheinlich fragt er sich genauso wie ich mich frage:

„Wie sieht die Strafe jetzt aus?“, sozusagen wie sieht eine Halbstrafe aus? Die Idee mit den Fußpilzfotos verwerfe ich gleich wieder. Die Fotos mit Raucherlunge finde ich auch abstoßend und die haben auch noch nie viel gebracht.
Und wie werden sie erst reagieren, wenn ich ihnen einmal beweisen muss, dass die Erde rund ist und keine Scheibe? Musste mich heute anpöbeln lassen und mich rechtfertigen, weil ich behauptet habe, dass a hoch 3 mal a hoch 5 a hoch 8 ist und nicht a hoch 15. Ich weiß nur, dass der größte Fehler gewesen wäre, darauf zu bestehen, dass Otto diese Rechnung in sein Heft schreiben soll mit Zwischenrechnung a.a.a.a.a.a.a.a = a hoch 3 plus 5. Hätten wir wieder darüber diskutiert, dass man das Ergebnis doch gleich ins Buch schreiben kann? Und Max hätte mir erklärt, dass er diese Rechnung sowieso nur mit dem Taschenrechner ausrechnet. Hoffentlich gibt es bald intelligente Taschenrechner mit Formeln, damit ich mich nicht mehr rechtfertigen muss, dass es einen Unterschied gibt zwischen U = 4 a und A = a.a.
Bin froh, dass wir ins Musical *In 80 Tagen um die Welt* fahren. Vielleicht schaffen die den Beweis, dass die Erde rund ist. Man stelle sich vor, 80 Tage lang auf einer Scheibe zu marschieren und dann zurück mit dem Kopf nach unten, also auf der Unterseite der Scheibe. Das würde sozusagen bedeuten, 40 Tage mit dem Kopf nach unten. Das würden nicht einmal die Härtesten schaffen.
Mir schwirrt der Kopf. Wo anfangen?
Soll ich ihnen von der von niemandem geliebten Maria Theresia erzählen und von ihrer Schnapsidee, dass alle Kinder in die Schule gehen dürfen? In Wirklichkeit hat sie es gut gemeint. In gewisser Hinsicht war sie ein Robin Hood. Oder vielleicht sehe ich das nicht ganz richtig. Auf jeden Fall war

sie für Chancengleichheit, und das finde ich nett von ihr. Ob es auch unter meinen Kindern welche gibt, die es sich nicht leisten könnten, in die Schule zu gehen, wenn dort nur die Besseren und die aus reicheren Familien hingehen könnten? Ich gebe die Hoffnung nicht auf, dass sie diese Chance der Schulbildung doch noch nützen und sie ihre Traumberufe ergreifen können. Immerhin hätten sie alle die Chance Koch, Kellner, Mechaniker, Friseuse, Chef oder Prinzessin zu werden.

THOMAS BODENDORFER

Bundesgymnasium & Bundesrealgymnasium
(BG/BRG) 19
Billrothstraße 73, 1190 Wien

Unterrichtsfach/fächer:
Biologie und Umweltkunde

Gegen jede Chance

Ein Lehrer ohne Großmut und Weisheit ist mir ein Dorn im Auge.
(Konfuzius, 551–479 v. Chr.)

Ich erkannte ihn bereits am polternden, unrhythmischen Klopfen. Im gleichen Moment stand seine Gestalt auch schon zwischen Tür und Angel. Man konnte nicht behaupten, dass er mit seinen knapp zwei Metern und geschätzten 65 Kilogramm Lebendgewicht das ästhetische Gesamtbild der Klasse aufbesserte: Die Schultern unwirklich weit nach vorne gebeugt, dazwischen ein wirrer, ungekämmter Rasta-Haarschopf, der auf einem giraffenartigen Hals baumelte. Das Geschöpf sah mich kurz aus seinen trüben, leeren Augen an, murmelte einen Morgengruß, der einem Außerirdischen zur Ehre gereicht hätte, und ließ sich im nächsten Augenblick krachend auf die letzte Schulbank fallen.
Ich fixierte den Jungen aus zusammengekniffenen Augen. Diesmal musste ich eine Entscheidung treffen, so viel stand fest.

Ich ließ meinen Blick für einen Augenblick von dem Sünder ab und sah auf meine alte Taschenuhr, die ich dazu bewusst langsam aus meinem goldbestickten Gilet angelte. Ich achtete nicht darauf, dass der Bursche natürlich die Zeit nutzen würde, mich nun seinerseits unverfroren anzustarren, sondern fixierte eindringlich die Ziffern des silbernen Uhrwerks. Die Zeiger standen auf 8:21 Uhr! Der Schüler Martin war wieder 21 Minuten zu spät gekommen!
Ohne meinen Blick wieder auf den chronisch zu spät Kommenden zu richten, steckte ich die Taschenuhr sorgfältig in die dafür vorgesehene Gilettasche zurück. Danach ließ ich meinen Blick – ausgehend von den vorderen Sitzreihen – langsam nach oben schweifen, bis sich dieser wieder mit den Augen des Jungen traf.
Ich spürte, wie sich meine Brauen in noch tiefere Falten legten.
Eine unheimliche Stille hatte sich mittlerweile über die Klasse gelegt, aber ich hatte mir vorgenommen, die Sache diesmal bis zum Ende durchzufechten.
Lange, endlos lange Sekunden verstrichen, während ich den Jungen anstarrte.
Nicht das leiseste Geräusch war zu vernehmen: kein Husten, kein wetzendes Geräusch eines geschobenen Sessels, nichts. Alles schien den Atem anzuhalten und darauf zu warten, bis einer von uns beiden etwas sagen würde: Der Schüler oder ich, der Lehrer.
Dann passierte es völlig unvermutet. Es kam gleichsam aus dem Nichts, ansatzlos und ohne die geringste Vorwarnung, die mir Zeit gelassen hätte, darauf entsprechend zu reagieren: Ungläubig verfolgte ich, wie sich das Gesicht des Übeltäters zu einem herzzerreißenden Gähnen verzog! Ich hatte auf eine

Entschuldigung gewartet und der Rabauke wagte es, mir ins Gesicht zu gähnen!
„Jetzt reicht's!", hörte ich mich brüllen „Du kommst immer zu spät!"
Ich machte mir keine Illusionen und wusste, dass die Miene des Rasta-Mannes unerschütterlich bleiben würde: müde, abgeklärt und ziemlich geistesabwesend …
Finster würgte ich das bittere Brot des Lehrers hinunter.
Es würden wohl noch einige Jahre vergehen, bis der Bursche meine schauspielerische Einlage würdigen und erkennen würde, dass auch für Rasta-Männer Pünktlichkeit eine Tugend darstellt.
Ja, und übrigens, meine Entscheidung, die ich betreffend Martin fällen wollte, verschob ich dann kurzerhand um ein paar Monate. Da trat der Knabe nämlich zu seiner Reifeprüfung an und ich sollte mit meinem pädagogischen Spürsinn – frei nach Konfuzius – letztlich Recht behalten: Der Bursche kam auf die Minute zurecht, machte insgesamt eine ausgesprochen gute Figur und benahm sich vorzüglich.

MONIKA DITL

Sonderpädagogisches Zentrum 6
Mittelgasse 24, 1060 Wien

Unterrichtsfach/fächer:
Deutsch, Bildnerische Erziehung,
Informatik

Zeichen und Wunder

LEO

Leo hat keinen Papa. Am Montag im Morgenkreis, wenn andere Kinder vom Wochenende mit ihren Vätern erzählen, wird Leo ganz still. In der Pause stellt er dann dem Kind mit dem schönsten Papawochenende das Haxel. Leos Papa ist tot. Ronnis Papa ist nach Schweden gezogen und kommt nur alle zwei Jahre auf Besuch. Ronni darf in den Ferien jedes zweite Jahr mit seinen Geschwistern nach Schweden den Papa besuchen fahren. Leo und Ronni sind Freunde. Leo und Ronni spielen am liebsten Fußball und Playstation. Heimlich beneidet Leo Ronni um den schwedischen Vater. Er wünschte, er hätte statt eines toten Vaters auch einen, der weit weg wohnt und den er wenigstens hin und wieder besuchen könnte.
Leos Mama erzählte nicht viel über Leos toten Papa. Nur dass er starb, kurz nachdem Leo auf die Welt gekommen war. Leo stellte sich manchmal vor, wie sein Vater ihn gesehen hat, als ganz kleines Baby, und vor Schreck tot umgefallen war, weil er – Leo – so hässlich ausgesehen hatte. Es gab nämlich eine

Reihe von überaus hässlichen Fotos von Leo, wo er ein rotes Gesicht mit Beulen hatte und den Mund ganz schief und der Kopf war flach gedrückt. Die Mama sagte zwar, dass viele Babys so aussehen nach der Geburt, aber Leo glaubte das nicht. Und überhaupt hatte die Mama auch schon zu ihm gesagt: „Deinen Papa würde der Schlag treffen beim Anblick dieses unordentlichen Zimmers. Er war so ein ordnungsliebender Mensch!“ Vielleicht hatte den Papa schon der Schlag getroffen, als er damals Leos unordentliches Gesicht gesehen hatte. Nein, die Mama hatte ja von der Krankheit erzählt, die der Papa hatte, und dass er nicht zum Arzt gegangen war, der Papa. Vielleicht würde er sogar noch leben, wenn, ja wenn …
„Der ist selber schuld daran, dass er tot ist“, dachte Leo trotzig und „ich will gar nichts mehr mit dem zu tun haben“. Was ist das schon für ein Papa, der nicht auf einen aufpasst, weil er nicht einmal aufgepasst hat, dass er selber nicht tot ist. Und dann drehte sich Leo um und beschloss, den Papa endlich zu vergessen. Und in der Stunde am Montag beim Morgenkreis machte er Faxen und störte die anderen und hörte nie mehr zu, wenn jemand vom Wochenende mit seinem Papa berichtete. Dann ermahnte die Frau Lehrerin den Leo, und wenn er nicht aufhörte zu stören, musste er den Rest der Stunde auf dem Gang verbringen, alleine …

KEVIN

Kevin hält die Hände vor die Augen und schreit wie am Spieß: „Ich will zu meiner Mama. Es tut so weh. Ich will zu meiner Mama!“ Vorher hat Kevin Hubert beim Fußballspielen ein Haxel gestellt. Hubert ist über Kevins Fuß gestolpert und hat im Fallen Kevin mitgerissen. Beide sind mit einem Krach auf dem Boden gelandet – Kevin mit dem Kopf voran. Dann sind beide wie zwei kranke Maikäfer auf dem Rücken gelegen. Hubert war ganz still. Kevin hat gleich zu schreien begonnen und kann nun gar nicht mehr damit aufhören. So laut brüllt er, dass der Herr Schulwart in den Turnsaal kommt, um nachzusehen, was da los ist. Die Frau Lehrerin hat sich hinter Kevin gesetzt und ihn in die Arme genommen und immer wieder „Schschschsch!" gemacht. Kevin hat aber weitergebrüllt, dass er zu seiner Mama will und dass ihm der Kopf so weh tut und Hubert ist ganz blass geworden und hat erschrocken geschaut. „Ich krieg keine Luft, ich krieg keine Luft!", hat der Kevin gekreischt, und wir haben alle Angst gekriegt. Die Frau Lehrerin war auch weiß im Gesicht, aber sie hat den Kevin weiter gewiegt und ganz streng zu ihm gesagt: „Ja, das tut weh. Aber du kriegst ganz sicher genug Luft. Wer noch so laut schreien kann wie du, hat noch alle Luft, die er braucht!"

ALI

Alis Papa ist von Alis Mama geschieden. Alis Papa hat Alis Mama gehaut. Dann wollte sich Alis Mama nicht mehr hauen lassen und hat mit Ali und seiner Schwester im Frauenhaus gewohnt, wo keine Papas rein dürfen. Oft ist Ali sehr zornig auf den Papa geworden, wenn die Mama traurig war. Aber wenn ihn seine kleine Schwester Sara sekkiert hat, ist sie immer von der Mama in Schutz genommen worden. Zu Ali hat die Mama dann gesagt: „Du hast denselben Charakter wie dein Papa. Immer gleich hinhauen!" Mama weiß viel mehr als Ali, darum muss er ihr das glauben. Von einem bösen Papa erbt man den Charakter, dann kann man ja gar nichts gegen den eigenen bösen Zorn tun, denkt Ali. Alis Zorn ist manchmal viel größer und stärker als er selbst. Wenn ihn in der Schule die anderen ärgern, dann bemüht sich Ali wegzuhören. Aber irgendwann ist sein Zorn so stark, dass er gar nichts dagegen machen kann. Dann will er nur mehr, dass die anderen aufhören zu schimpfen, und er droht ihnen mit der Faust. Wenn sie dann nicht aufhören, haut er hin. Heute hat er beim Anstellen zum Eislaufen dem Sergej eine runtergehaut, weil der und seine Freunde dauernd Alis Mama eine Hure geschimpft haben. Dann hat die Frau Lehrerin gesagt, Ali darf nicht mit zum Eislaufen gehen. So eine Ungerechtigkeit. Ali will nur mehr dem Sergej nachlaufen, damit der auch keinen Eislaufspaß mehr haben kann.

DOMINIK

Dominik wünscht sich, dass Godzilla lebt. Godzilla soll Dominiks Freund sein. Wenn Godzilla ihn beschützt, kann Dominik sich besser fühlen. Wenn jemand Dominik sekkieren will, dann wird Godzilla denjenigen töten. Godzilla kämpft für Dominik gegen böse Monster. Er wird dann die ganze Welt zerstören, wenn Dominik es will.

VELI

Veli mag keine Geduld haben. Er will seine Lieblings-CD als Erster vorspielen. Auf dem Cover deutet er auf die vier dunkelhaarigen Jungs mit Kapuzen und Bärten. Die vier stehen auf einem grauen Platz vor einem grauen Haus und zeigen mit den Fingern aus dem Bild heraus. Veli erzählt uns Geschichten über jeden von ihnen. Währenddessen singen sie von ihrem Park und ihrer Straße, wo sie nie weggehen werden und wo sie ficken und schießen wollen. Veli erzählt auch von ihrem Film im Internet. Dort schauen sie sehr traurig drein. Velis Lieblingslied ist: „Gedanken an einen Vater". Das Lied ist sehr traurig, weil der Sohn mit dem toten Vater redet. Veli kennt auch jemanden, der tot ist. Sein Großvater und seine beiden Brüder sind alle drei vor zwei Jahren gestorben. Der Großvater ist immer mit Veli schwimmen gegangen. Veli fragt plötzlich: „Was heißt das, Heimat?" – „Heimat ist dort, wo man dazugehört!" Veli muss plötzlich aufs Klo gehen.

ANASTASIA

Anastasia erzählt nie etwas. Ihre Eltern haben sich vor kurzem scheiden lassen. Anastasia zeichnet zwei Häuser. In einem wohnt der Vater und im anderen die Mutter. Die Häuser haben keine Türen.

RAMESH

„Eklig ist der", sagen die Kinder, „wir wollen nicht mit ihm in einem Zimmer schlafen! Immer breitet er sich so aus mit seinen Sachen. Und er haut und stinkt!" Die Frau Lehrerin weiß auch nicht, was sie tun soll. Sie versteht die Kinder. Sie wollen sich nicht boxen lassen. Sie wollen nichts mit einem Spielverderber zu tun haben. Mit einem dicken Spielverderber, der noch dazu immer den Ton angeben will, schon überhaupt nicht. Die Frau Lehrerin lobt ihn deshalb extra lang und laut vor den anderen Kindern, wenn er etwas gut gekonnt hat. Trotzdem will kein Kind neben ihm sitzen oder auf der Schullandwoche gar neben ihm schlafen. „Bequem ist er leider auch", sagt die Frau Lehrerin, „die beliebten Kinder in der

Klasse sind alle sportlich, lustig und gutmütig! Natürlich kann er gar nicht sportlich sein, wenn seine Eltern tagsüber dauernd schlafen. Und dass er so viel Raum um sich beansprucht und immer dicker wird, ist auch kein Wunder. Er hat mir erzählt, wie er im Sommer mit den Eltern in seinem Geburtsland war. Wie erschrocken er war über die vielen Menschen, die alle auf engem Raum zusammenleben müssen. Wie es ihn geekelt hat vor dem Schmutz und dem Essen. Wie er immer Angst hatte vor dem Hunger und davor, dass die anderen Menschen ihm viel zu nahe rücken. Ich versteh ja, dass er um seinen Platz kämpft! Nur bei wem soll er bloß jetzt auf der Schullandwoche schlafen?“

WLADIMIR

Gestern hat Wladimir im Park einem alten Mann die Faust ins Gesicht gedonnert. Der kleine Wladimir reicht mir höchstens bis zum Nabel. Aus seiner Nase hängt häufig eine gelbgrüne Rotzglocke. Vor der Rotzglocke ekelt mir ein wenig, genauso wie sich die Klassenkameraden davor grausen. Darum will auch keiner gern mit Wladimir spielen. Der kleine Wladimir hat fast jeden Vormittag in die Hose gemacht. Seit kurzem tut er das nicht mehr. Dass Wladimir nun spontan auf eine Parkbank steigt und einem 70-jährigen Mann ins Gesicht schlägt, nur weil dieser ihm gesagt hat, er soll Platz machen, damit er vorbeigehen kann, muss durchaus als „Entwicklungsschritt“ gewertet werden. Dass der kleine Wladimir nun behauptet, der Alte hätte ihm eine Drogenzigarette angeboten, ist entweder sehr klug und gelogen oder die Wahrheit, die ihm keiner mehr glaubt. Der kleine Wladimir erzählt nämlich gerne grausige Geschichten, deren Wahrheitsgehalt fragwürdig ist.

Im Grunde möchte Klein Wladimir mit einem Kuscheltier auf dem Schoß Geschichten vorgelesen bekommen. Einfach ein kleiner Bub sein, der im Schutz eines vertrauenswürdigen Erwachsenen spielen kann. Aber in der Familie des kleinen Wladimir wimmelt es seit Generationen von Kindern, die sich von den Großen in Stich gelassen fühlen mussten. Die Mutter und der Vater vom kleinen Wladimir sind beide schon im Kindergartenalter von ihren Eltern im Heimatland bei den Großeltern zurückgelassen worden. Die Eltern wollten in Wien das große Geld verdienen, damit es den Kindern an nichts fehlt. Jetzt verdienen die ehemaligen Kinder ebenfalls in Wien Geld für ihre Kinder, und der kleine Wladimir bleibt allein zu Hause. Seine einzige Gesellschaft sind die blutrünstigen Filme und Computerspiele der älteren Brüder.

STUNDE EINS

Auf einer Decke hinten in der Klasse liegt ein kleines Mädchen und weint. Rundherum stehen alle anderen kleinen Mädchen und schauen mitleidig und hilflos auf ihre schluchzende Schulfreundin. „Ihr Papa hat sie heute in der Früh gebissen", erzählen sie. Auf der Wange der Kleinen ist tatsächlich ein dunkelroter Abdruck zu sehen. „Jetzt muss sie schon die ganze Zeit weinen und kann gar nichts mehr sagen." Mehrere Sechsjährige drücken sich gegen mich und zwei wollen gleich vertrauensvoll auf meinen Schoß springen. Sie sprechen aufgeregt durcheinander. Jede von ihnen will sofort erzählen, was sie beschäftigt. „Meine Mama weint auch immer und wird davon krank." – „Der Opa und die Oma streiten ums Geld, dann weint meine Oma." – „Ich weine auch immer, wenn ich Watschen kriege!", sagt die blasse Sarah, die es beinahe unbemerkt geschafft hat, auf meinen Schoß zu hüpfen. Sie sagt es so, als wäre Watschenkriegen die selbstverständlichste Sache der Welt.

STUNDE ZWEI

Er ist sieben und hat einen langen roten Strich auf der Wange. Seine Mama liegt im Krankenhaus. Eine Nierengeschichte. Er wohnt jetzt allein im Mutter-Kind-Heim. Er ist tapfer, aber er verträgt kein bisschen Frustration mehr. Sobald er eine Rechnung nicht gleich auf Anhieb schafft, heult er laut auf, als ob er getreten worden wäre und schleudert seine Stifte auf den Boden. Ob ich Hilfreiches anbieten kann?

STUNDE DREI

An die ohrenbetäubende Stimmung in der Klasse, deren Klassenlehrerin sich vor drei Tagen den Fuß schwer verletzt hat, mag ich mich gar nicht mehr gern erinnern. Aber wie ich sie kenne, wird sie, gewissenhaft wie sie nun einmal ist, morgen wieder in der Schule sein und unter Schmerzen humpelnd ihre Pflicht und noch eine Menge darüber hinaus tun.

STUNDE VIER

Die Hose von W. ist wieder einmal voll. Es dauerte beinahe fünf Monate, bis die Eltern sich zu einer medizinischen Abklärung bewegen haben lassen. W. schämt sich sehr für sein Leiden und ist in Gefahr, ein Außenseiter in der Klasse zu werden. Er fragt, ob ich ihm helfen kann, dass jemand sein Freund sein will? Die Lehrerinnen der Klasse helfen ihm immer wieder beim Waschen und Umziehen, während die anderen Kinder einstweilen die günstige Gelegenheit zur Spaßproduktion nutzen. Die verlorene Zeit wird womöglich ein paar Pisa-Abzugspunkte zur Folge haben.

STUNDE FÜNF

Der sechsjährige S. verletzt sich manchmal selbst, kriecht während der Stunden unter den Tisch. Er scheint nicht in der Lage zu sein, sich länger als ein paar Minuten auf den Unterricht konzentrieren zu können. Oft zuckt er ohne ersichtlichen Anlass aus. Wir wissen seit kurzem, dass sein Vater seit geraumer Zeit die Mutter und die Kinder mit dem Umbringen bedroht. S. steckt die anderen Kinder in der Klasse mit seiner motorischen Unruhe an und fordert ständig Grenzen und individuelle Zuwendung. Wer so klein ist und so viel Angst haben muss, der kann wohl kaum anders.

STEFAN

„Stell dir vor, es würde über Nacht ein Wunder geschehen. Während du tief und fest schläfst, kommt eine gute Fee zu dir ans Bett, schwingt ihren Zauberstab, und am nächsten Morgen wäre dein größter Wunsch erfüllt! Was meinst du, wäre denn nun anders?“ Stefan denkt angestrengt nach. „Dann bin ich ein Weltwunder!“, antwortet er schließlich ernst. „Und wie ist es so als Weltwunder?“, frage ich gespannt. „Dann freuen sich die Menschen, dass ich da bin und schauen mich gern an!“, sagt er. „Außerdem sagt keiner mehr zu mir, dass ich blöd und lästig bin“, fügt er nach einer kurzen Pause hinzu.
Bald darauf wollen wir ein Erinnerungsfoto aufnehmen, weil Stefan im nächsten Jahr eine andere Schule besuchen wird.

„Und wie wäre es auch noch mit einem Weltwunderbild?“, frage ich. Strahlend klettert er auf den Tisch hinauf. Als würdevolles kleines Weltwunder schaut er mit einem vorsichtig fragenden Lächeln von oben herunter, direkt hinein ins Objektiv der Kamera.

ELISABETH SCHUBERT-FECHTER

Volksschule
Pfeilgasse 42b, 1080 Wien

Religionslehrerin i.R.

Du musst mich beißen!

Die erste Religionsstunde in einer ersten Klasse Volksschule ist immer aufregend. Für die Kinder und natürlich auch für mich als Religionslehrerin, wenngleich ich beim „Schnuppertag“ bereits mit einigen Schülern Bekanntschaft machen durfte.
Aus der Sicht der Kinder, die *ihre* Frau Lehrerin nun seit einigen Tagen kennen, ist die Situation schon allein deshalb spannend, weil sie sich nun zuallererst einmal wundern, weshalb plötzlich eine *andere* Lehrerin in die Klasse kommt. Wer ist das? Was lernen wir bei ihr?
Um eine entspannte Atmosphäre zu schaffen, begrüße ich jedes Kind mit einer Handpuppe; frage nach dem Namen, ob es Geschwister hat, die ich möglicherweise schon kenne, und worauf es sich besonders freut. Auch der Inhalt der Schultasche darf hergezeigt werden und wird von mir gebührend bewundert. Danach bekommt jedes Kind ein Heft mit einem Einband aus Geschenkpapier, das mit dem jeweiligen Namen versehen ist. Und auch ein Buch macht die Runde, das nach

Lust und Laune durchgeblättert werden darf. Anschließend wird gesungen, noch eine kurze Geschichte erzählt, und die 50 Minuten vergehen wie im Flug. Es läutet und die *richtige Frau Lehrerin* betritt wenig später wieder die Klasse.
Ich will schon das Klassenzimmer verlassen, als plötzlich ein kleines blondes Mädchen vor mir steht. Sie sieht mich mit großen Augen an, nimmt sich ein Herz und sagt schließlich: „Du musst mich beißen!" Ich bin ehrlich verblüfft und frage: „Weshalb um Gottes Willen soll ich dich denn beißen?" – „Gestern am Abend habe ich meinen Papa gefragt, was du denn mit mir machen wirst. Er hat von der Zeitung aufgeschaut und gesagt, dass du mich schon nicht beißen wirst. Und wenn doch? Dann kaufe ich dir ein Eis."

ROSWITHA SPRINGSCHITZ

Bundesrealgymnasium Krems
Ringstraße 33, 3500 Krems

Unterrichtsfach/fächer:
Deutsch, Französisch

Le lezione del professore Löwy (Professor Löwys Lektionen)

Herr Oberstudienrat in spe Professor Magister Reiner Löwy (das „in spe" bezog sich auf sein Dienstalter von bald 25 Jahren und die Tatsache, dass er sich stets mit Direktoren und Inspektoren gut gestellt hatte, seiner Arbeit pflichtgetreu nachgekommen war und keine groben Dienstverfehlungen begangen hatte), seines Zeichens Latein- und Italienischlehrer am Bundesgymnasium Rotenburggasse in einer österreichischen Kleinstadt, war bei seinen Schülern und Schülerinnen sowie bei seinen Kollegen und Kolleginnen sehr beliebt – ganz einfach deshalb, weil er ein „klasser Kerl" war; einer, mit dem man Spaß hatte und Pferde stehlen konnte. Auch die Elternschaft schätzte ihn größtenteils sehr – was so weit ging, dass sie ihn immer und überall als Beispiel, als Vorbild hinstellte. „*Das* ist ein Lehrer!", hieß es oft in den Elternvereinsversammlungen, „So einen Lehrer kann man seinen Kindern nur wünschen!" Einzig die Frau Direktor sah die Sache etwas anders und bat ihn dann

und wann – wie an jenem Dienstagmorgen Ende April – zu einem Gespräch, sprich zu einer Anweisung in ihr Büro. Das störte Herrn Professor Löwy – seit Jahrzehnten im sicheren Hafen der Pragmatisierung – wenig, war ihm nur, ganz schlicht und einfach, lästig.
„Herr Kollege, ich ersuche Sie, ausschließlich in der Hochsprache mit Ihren Schülerinnen und Schülern zu reden, und weise Sie darauf hin, dass es unzulässig ist, im Unterricht in Umgangssprache oder Dialekt zu reden! Wie Sie sicherlich wissen, ist dies gesetzlich festgehalten, ich habe Ihnen hier die entsprechenden Paragraphen kopiert!" Was will sie denn? dachte Professor Löwy, sie mag mich einfach nicht, irgendwas passt ihr nicht an mir. Ich bin doch nicht der Einzige in der Kollegenschaft, der mit den Schülern redet wie ihm der Schnabel gewachsen ist. „Ja, Frau Direktor, danke Frau Direktor!", sagte Professor Löwy, dachte aber keinesfalls daran, dieser Anweisung korrekt nachzukommen: Größtenteils würde er weiterhin so reden, wie er es gewohnt war.
Jedenfalls hatte er nun keine Zeit über seine Direktorin und deren dienstliche Anweisungen nachzudenken. Er musste rasch die Schularbeitsthemen kopieren, den Stapel Schularbeitshefte aus dem Kasten holen, um pünktlich beim Läuten in der Klasse 6B zu sein.
„Frau Berger, die Mutter von Peter Berger hat schon zweimal angerufen!", teilte ihm sein Kollege Markus mit, als er das Konferenzzimmer betrat. „Sie wird sicher gleich wieder anrufen!" – „Geht jetzt nicht!", meinte Reiner Löwy mit einem Blick auf die Uhr: Er hatte noch drei Minuten Zeit bis zum Läuten. Tatsächlich schaffte er es aber innerhalb von zwei Minuten und dreißig Sekunden die Themen zu kopieren, die Toilette aufzusuchen und die Hefte zu holen, und genau dann

klingelte das Telefon: Frau Berger. „Tut mir leid, Frau Berger, ich muss jetzt“, sagte er oder wollte er sagen, denn Frau Berger am anderen Ende der Leitung war nicht zu bremsen: „Gut, dass ich Sie endlich erreiche, Herr Professor! Also der Peter, der kann heute nicht, er hätte zwar Referat gehabt, und er hat sich so gut vorbereitet, und mein Mann hat so ein schönes Plakat mit ihm gemacht, da waren die beiden wirklich praktisch den ganzen Samstag beschäftigt, und ich hab ihnen dann noch Filzstifte besorgen müssen, denn sie wollten alles schön und farbig zeichnen und schreiben; also das Kolosseum ist ihnen wirklich gut gelungen, Sie werden staunen. Aber jetzt ist was dazwischengekommen, was sehr Trauriges, und der Peter ist jetzt also in einer Trauerphase, es ist nämlich sein Meerschweinchen … das war krank, wir waren vergangene Woche beim Tierarzt und der hat eigentlich nichts feststellen können, hat uns gefragt, ob es möglich wäre, dass es irgendwo Gift … aber das ist ausgeschlossen, und das arme Tier …“ – „Also Peter kommt heute nicht in die Schule, kein Problem, er kann das Referat nächste Woche halten, Frau Berger, tut mir leid, aber ich habe …“ Das Läuten übertönte Professor Löwys Worte, er verabschiedete sich rasch von Frau Berger und hastete in den zweiten Stock. Was nicht alles dazwischenkommt, dachte er, sterbende oder tote Meerschweinchen, USB-Sticks mit sämtlichen Hausübungen drauf, die verloren gehen, Urgroßonkel, die ihren 95. Geburtstag feiern, und was weiß ich nicht alles.

Ich wette, in der 6B fehlt heute mindestens die Bettina Taler, das heißt einen Ersatztermin finden und neue Themen stellen.

Doch die Klasse 6B war – welch ein Wunder – geschlossen anwesend. Alle saßen bereits auf ihren Plätzen, bereit für die Schularbeit. Professor Löwy begrüßte seine SchülerInnen in

gewohnt lockerer Art, sorgte durch witzige Bemerkungen für Gelächter und eine heitere Stimmung und schuf damit ein angenehmes Arbeitsklima.
Während die meisten in der Klasse nun eifrig drauflos schrieben, nahm sich der Professor den Stapel Hausübungshefte seiner siebenten Klasse vor: Es waren, genauer gesagt, 24 Italienischhausübungshefte und er hatte sich vorgenommen, während dieser Schularbeit mindestens 10 zu korrigieren; dann blieben ihm, mit den 22 Schularbeitsheften der 6B, 32 zu korrigierende Hefte, das hieße, er würde sich in den nächsten beiden Tagen jeweils 16 Hefte vornehmen, um danach die Hausübungshefte der Klasse 4C und die Dossiers der achten Klasse abzusammeln. Er hatte sich diese kleinen Rechnereien angewöhnt und verstand es meist, es sich so einzurichten, dass er sein selbst gestecktes Ziel übertraf, also sozusagen im Plus war mit seinen Heften und dann täglich weiter ins Plus kam. Dann und wann war natürlich auch das Gegenteil der Fall: Es brauchte nur, wie vergangenen Samstag zum Beispiel, der Nachbar seine Hilfe bei einem Reifenwechsel benötigen oder jemand unangemeldet auf Besuch kommen: Jemand, dem nicht klar war, dass er als Lehrer nicht frei hatte, wenn er zu Hause war. Auch an den Wochenenden nicht frei hatte. Jedenfalls nicht in den zehn Monaten des Schuljahres.
Gerade hatte der Professor das dritte Hausübungsheft korrigiert und sich wahrlich daran ergötzt, denn es stammte von einer besonders begabten, fleißigen Schülerin, die, so meinte er, die besten Chancen beim diesjährigen Fremdsprachenwettbewerb hatte, da trat Claudia Gruber an sein Pult und gab ihr Heft ab. „Meinst du, das ist eine gute Idee, nach noch nicht ganz zwanzig Minuten abzugeben? Willst du nicht die verbleibende Zeit nützen?“ Claudia schüttelte nur den Kopf und

setzte sich wieder auf ihren Platz. Nun, somit steht das Nicht genügend praktisch fest, dachte Professor Löwy. Es war so gut wie unmöglich, dass Claudia eine positive Schularbeit geschrieben hatte, sie hatte vielmehr ganz offensichtlich das Handtuch geworfen.
Vor zwei Jahren noch hätte Professor Löwy alle Hebel in Bewegung gesetzt, um eine Schülerin wie Claudia zu „retten", hätte äußerst dringende Gesprächstermine mit der Schülerin und deren Eltern vereinbart. Nicht, dass er nun gar nichts mehr diesbezüglich unternahm, er setzte bloß nicht mehr sein ganzes Herzblut in diese Sache, von der er wusste, dass sie allein durch sein Zutun nicht zu lösen war. Dieser Umstand war irgendwann eingetreten, tritt vermutlich bei manchen Lehrern ein, wenn sie ins Oberstudienratsalter kommen.
Somit fuhr Professor Löwy in aller Ruhe fort mit der Korrektur seiner Hausübungshefte und in den noch verbleibenden fünf Minuten überlegte er sich ein Geschichtchen für seine fünfte Klasse, das einerseits zum Lehrstoff (lateinische Grundgrammatik) passte, andererseits alle amüsieren sollte: Wie wär's mit der kleinen Geschichte von den fleißigen Ameisen, die spukte ihm zurzeit im Kopf herum: die Schule ein riesiger Ameisenhaufen, jeder und jede nur eines dieser kleinen, eifrigen Tierchen … Das Wort „formica" würde er deklinieren lassen. „Sie sind der beste Lehrer, den man sich nur wünschen kann!", hatte gerade am Vortag die Mutter eines Schülers zu ihm gesagt. „Der Florian schwärmt so von Ihnen, er sagt, nur bei Ihnen ist der Unterricht lustig und abwechslungsreich und interessant, dabei ist er sprachlich gar nicht so sehr begabt, eher mathematisch. Da sieht man, dass ein wirklich guter Lehrer die Kinder motivieren kann. Wenn ich da an Ihren Kollegen – nein, ich will jetzt keine Namen nennen, aber es gibt

wirklich genug Lehrer, die ein glattes Nicht genügend verdienen und die man eigentlich suspendieren sollte, weil sie den Kindern großen Schaden zufügen oder schlicht und einfach inkompetent sind. Ich weiß wirklich nicht, wieso man nicht schon längst eine adäquate Lehrerbeurteilung eingeführt hat."– „Schwierig!", meinte Professor Löwy, der es gewohnt war, Lob seitens der Eltern der SchülerInnen zu hören. „Da müsste man das wohl auch in allen anderen Berufsständen einführen: Eine öffentlich durchgeführte Beurteilung von Ärzten, Beamten, Handwerkern, Priestern, und ich denke nicht, dass so etwas in unserem Land ..."

Professor Löwy war durch ein Klopfen an der Tür in seinen Ausführungen unterbrochen worden: Die Sekretärin teilte ihm mit, dass er kurzfristig eine Supplierung übernehmen müsse und er verabschiedete sich rasch von Frau Kirchler.

Es interessierte ihn natürlich schon, was Claudia in den zwanzig Minuten Schularbeit geleistet hatte, wobei er sicher war, es würde keinesfalls für eine positive Note reichen. So schlug er gleich in der Pause Claudias Heft auf und las: „Signor Botticelli (es galt eine Personenbeschreibung zu einem Foto zu schreiben) è molto arrogante, von sich selbst überzeugt, egoistisch, rücksichtslos, in sich selbst verliebt, eitel und neidisch, das alles darf man ihm aber keinesfalls sagen, er verträgt absolut keine Kritik."

Das gilt mir, wusste Professor Löwy.

„Er ist celibaterio, weil er niemanden so sehr liebt wie sich selbst." Während Professor Löwy die von der Schülerin deutsch geschriebenen Sätze durchstrich, drei große Auslassungszeichen unter diese paar Zeilen setzte (Claudia hatte keine einzige der Grammatikaufgaben gemacht!) und in seiner Liste die vorläufige, aber nicht zu bezweifelnde Note 5 für diese Arbeit eintrug, gingen ihm die Worte „weil er niemanden so sehr liebt wie sich selbst“ durch den Kopf. Unglaublich, dachte er. Fast dieselben Worte hatte vor zwei Tagen seine Freundin Elvira in einer heftigen Auseinandersetzung weinend zu ihm gesagt, und hinzugefügt, sie könne nicht mehr, sie könne so einfach nicht mehr, das Kind, das Hin-und Herfahren, die Arbeit, es sei ihr alles zu viel. „Ja, dann wirst du eben irgendwas bleiben lassen, in dem Fall wohl am besten das Hin- und Herfahren!“, hatte Reiner Löwy trocken geantwortet. Er hasste Frauentränen und er hasste Szenen. Mit dem Hin- und Herfahren meinte Elvira das Pendeln zwischen ihrer und Reiners Wohnung: Sie wohnte mit ihrer Tochter in einem 25 Kilometer weit entfernten Ort. Seither hatte er sich nicht mehr bei Elvira gemeldet und auch nichts von ihr gehört, was ihn aber nicht sonderlich beunruhigte: Sie hatten dann und wann einen ähnlichen Streit gehabt, und Reiner Löwy rechnete sich aus, dass Elvira ihn spätestens in zwei Tagen anrufen würde. Mit Claudia würde er jedenfalls ganz sicher ein Gespräch führen, gleich am nächsten Tag, nahm er sich vor. Unter vier Augen selbstverständlich.

Er wusste, dass Claudia ihn und seine Schwächen erkannt hatte, musste ihr aber einfach auch einmal in aller Klarheit deutlich machen, wo ihre eigenen waren: Sie war faul und fand immer Ausreden nicht zu lernen, keine Hausübungen zu machen, vor allem seit ihre Eltern geschieden waren, nahm sie das als Vorwand, stellte sich selbst als „seelisch zerrüttet“ dar und war im Unterricht entweder teilnahmslos oder aggressiv. Professor Löwy konnte es nun kaum mehr erwarten, Claudia all dies zu sagen; als er aber am nächsten Tag in die Schule kam, fehlte Claudia und deren Mitschülerinnen und Mitschüler behaupteten, sie habe sich von der Schule abgemeldet oder

beabsichtige dies. Die Sekretärin hatte noch keine Abmeldung erhalten, erfuhr Professor Löwy in der Pause.
Ich könnte Claudia noch einen Brief schreiben, überlegte Professor Löwy, verwarf diesen Gedanken aber sogleich.
Dass Elvira sich noch nicht gemeldet hatte, war eigentlich erstaunlich. Er nutzte eine Freistunde, um im Internet nach billigen Flügen nach Rom zu suchen: Mit Elvira übers Wochenende nach Rom, das wär's, dachte er ganz spontan. Er würde die Hefte liegen lassen, dafür dann einmal eine Nachtschicht einlegen. Es gab tatsächlich bei den Billigflügen interessante Angebote und recht günstige Flugzeiten. Reiner Löwy begab sich mit seinem Handy in den Schulhof, um Elvira anzurufen und vielleicht gleich einen dieser Flüge zu buchen.
„Dieser Anruf ist leider nicht möglich!“, sagte eine Tonbandstimme am anderen Ende der Leitung.

EVA TEIMEL

BG/BRG Baden
Biondekgasse 6, 2500 Baden

Unterrichtsfach/fächer:
Latein, Griechisch und Geografie

Schulwechsel mit Happy End

Endlich hatte ich einmal eine erste Klasse als Klassenvorstand. Bedingt durch meine Unterrichtsfächer (Latein, Griechisch und Geografie) war ich bisher nur in der Oberstufe eingesetzt. Es war schön, einmal für die Kleinen verantwortlich zu sein, die allesamt mit sehr guten Volksschulzeugnissen zu uns gekommen sind. Da unsere Schule eher noch dem städtischen Raum zuzurechnen ist, haben wir Übertrittsraten von der Volksschule in die AHS von 70 bis 80 Prozent. Infolgedessen können wir in manchen Jahren aus Platzgründen nur die Kinder mit den besten Zeugnissen aufnehmen. Auf Grund dieser Situation entsteht ein sehr großer Druck auf die VolksschullehrerInnen, die nahezu gezwungen sind, sehr gute Noten zu vergeben.

Doch nach dem ersten Schularbeitsdurchgang sieht das Bild in der Regel schon weitaus differenzierter aus, und man kann davon ausgehen, dass die Palette der Noten von Sehr gut bis Nicht genügend reicht. So auch in meiner Klasse. Die ersten großen Enttäuschungen waren da und mussten gemeistert

werden. Aber für die Mehrzahl der Kinder ging es nach der doch schwierigen Umstellungsphase von Volksschule auf Gymnasium auch wieder aufwärts.
Ein Schüler plagte sich jedoch ganz besonders, und trotz vielen und fleißigen Lernens setzte es eine Enttäuschung nach der anderen. Dennoch ließ er sich nicht entmutigen. Es war bewundernswert: Obwohl er eine schlechte Note nach der anderen kassierte, blieb er hoch motiviert, weil er ein Ziel – die Matura – vor Augen hatte. Trotz seines Bemühens und Fleißes merkte man allerdings, dass er auf der anderen Seite höchst unglücklich war. Ich führte viele Gespräche mit seiner Mutter, im Rahmen derer auch private Probleme angedeutet wurden. Die Mutter des Buben meinte, dass ihr Sohn jeden Tag mit einem unguten Gefühl in die Schule gehe. Also stellte ich einmal vorsichtig die Option in den Raum, ob nicht vielleicht ein Wechsel in die Hauptschule besser für ihn sei. Man muss dazu sagen, dass Vorschläge dieser Art von Elternseite äußerst selten positiv aufgenommen werden. Nur zu oft bekommen wir Lehrerinnen und Lehrer die Antwort zu hören: „Kommt gar nicht in Frage, ich gebe mein Kind doch nicht in eine Hauptschule!“ Da nützen auch meist gutes Zureden und der Hinweis auf wirklich empfehlenswerte Hauptschulen im Bezirk nichts. Auch wenn man das Wohlergehen des Kindes in den Mittelpunkt zu stellen versucht – chancenlos! Zu groß ist anscheinend das schlechte Image der Hauptschulen in den Köpfen der Eltern.
Zurück zu besagter Mutter, ich wagte das Wort „Hauptschule“ kaum anzusprechen, doch wider Erwarten stand sie dem Vorschlag auf Anhieb durchaus positiv gegenüber. Sofort holte sie nähere Informationen ein und wenige Tage später war der Schulwechsel perfekt. Einige Wochen vergingen, als mir die

Mutter per E-Mail eine Nachricht zukommen ließ. Sie bedankte sich spürbar aufrichtig für meinen Rat. Nun gehe ihr Sohn wieder gern zur Schule, habe keine schulischen Probleme und viele neue Freunde. Jetzt sei er einfach glücklich. Jahre später (!) – am Ende der Hauptschulzeit – schrieb mir die Mutter abermals, bedankte sich nochmals von Herzen und ließ mich wissen, dass ihr Sohn die Hauptschule mit großem Erfolg abgeschlossen hatte und nun weiter auf die HTL gehen werde.

Für sie und ihren Sohn brachte die Entscheidung, einen Schulwechsel ins Auge zu fassen, ausschließlich positive Konsequenzen mit sich. Sowohl in ausbildungstechnischer wie in menschlicher Hinsicht. Der Bub erweiterte seinen Bekanntenkreis, behielt viele Freunde aus dem Gymnasium, fand sich aber auch gut in der neuen Klassengemeinschaft ein. Außerdem konnte in der Hauptschule viel besser auf seine individuellen Stärken und Schwächen eingegangen werden. Auch wenn oft andere Meinungen und Vorurteile im Umlauf sind: Die Hauptschule ist keine Sackgasse, sie hat lediglich eine andere Schwerpunktsetzung und hilft Kindern auf andere Weise zu einer höheren Bildung bzw. auch zu einem Lehrberuf.

Die E-Mails der Mutter habe ich mir übrigens bis heute aufgehoben. Es ist einfach schön, wenn man als Lehrer/in Ratschläge geben kann, die auch von den Eltern Jahre später geschätzt werden.

RENATE SCHERTLER

Sonderpädagogin an einer Kooperativen Mittelschule

Unterrichtsfach/fächer: alle Gegenstände

... und noch ein Teil in meinem Puzzle (mögliche Gedanken eines autistischen Kindes)

Gerade höre ich meinen KollegInnen beim Singen zu, als zwei mir unbekannte Frauen das Klassenzimmer betreten. Sie sprechen kurz mit meiner Lehrerin und kommen dann zu mir. Sie stellen sich als meine zukünftigen Lehrerinnen vor und bleiben einige Zeit in meiner Klasse, um mir und meiner Lehrerin beim Arbeiten zuzuschauen. Mich stört, dass die beiden Frauen meine Lehrerin immer wieder etwas fragen – so kann sie sich nicht so ausführlich wie sonst mit mir beschäftigen. Meinen Unmut bringe ich durch lautes Stampfen mit meinen Füßen zum Ausdruck, denn sprechen kann ich nicht.
Diesmal machen wir es umgekehrt: Ich besuche die beiden Lehrerinnen in ihrer Schule. Vielleicht ist es ja wirklich bald auch meine Schule? Sie bemühen sich sehr um mich, aber die vielen neuen Eindrücke machen mich nervös. Ich will bald wieder gehen.

Heute ist es also soweit: Ich gehe in die neue Schule – eine KMS. Das ist eine Kooperative Mittelschule. Meine Mutter begleitet mich in die neue Integrationsklasse. Überall laufen aufgeregte Kinder mit ihren Eltern herum. Aus dem Klassenzimmer tönt Musik. Irgendwie ist mir das alles ein bisschen zu viel. Ich bin weinerlich und suche immer wieder Rückzugsmöglichkeiten. Ab und zu gehe ich aber auch herum und erkunde die neue Umgebung. Beim ersten Kennenlern-Spiel mit den Kindern bin ich zwar recht laut, mache aber manchmal mit und sag zum Schluss ebenfalls meinen Namen.
Der zweite Schultag in der neuen Schule ist sehr aufregend für mich. Zum Glück ist heute auch Petra da. Petra ist Praktikantin der Autistenhilfe. Ich weiß nicht genau, was das ist, aber Petra hat schon in der Volksschule stundenweise meine Lehrerinnen unterstützt. Sie stellt sich der Klasse vor und erzählt ein bisschen von unseren gemeinsamen Erlebnissen in der Volksschule. Die anderen Kinder fragen interessiert nach.
Am dritten Schultag kommt ein Elternpaar zu meinen neuen Lehrerinnen, das sich überlegt, ihr Kind in eine andere Klasse zu geben. Hat dieser Wunsch tatsächlich mit mir zu tun? Lange besprechen meine Lehrerinnen dieses Thema mit den Eltern und dem Kind. Dann entscheiden die Eltern auf Wunsch ihres Kindes und auf Anraten der Lehrerinnen, ihr Kind in meiner Integrationsklasse zu belassen.
In der zweiten Schulwoche erlebe ich meine erste Turnstunde in der neuen Schule. Wir gehen über einen langen Gang und viele Stufen rauf und runter. Alles ist ungewohnt und laut, aber ich zeige mich unerschrocken – fast wundere ich mich über mich selbst ein wenig. Die Turnhalle ist riesig und rund, aber glücklicherweise sehr hell. Ich bin begeistert von den vielen verschiedenen Materialien, die es da an Boden und Wand

zu entdecken gibt. Zum Glück lassen meine LehrerInnen mir ausgiebig Zeit, um alles zu „begreifen“. Beim Unterricht mache ich dann fast überall mit. Nur das Ballspiel geht mir noch viel zu schnell und verwirrt mich.
Meine MitschülerInnen sind alle sehr nett zu mir. In den Pausen stürzen sie auf mich zu und reden alle gleichzeitig auf mich ein. Das verunsichert mich allerdings ziemlich. Meine LehrerInnen haben da eine gute Idee: Es dürfen sich immer zwei Kinder melden, die jeweils eine Woche lang die Pausen mit mir verbringen und mich auch sonst unterstützen wollen. Der Andrang ist groß, und ich bin schon neugierig, wie das klappen wird. Es gibt immer wieder Gesprächsrunden in der Klasse, wo wir mit unseren beiden Klassenvorständen über Wünsche, Probleme, schulische Veranstaltungen etc. sprechen. Wir haben deshalb zwei Klassenvorstände, weil unsere Deutsch-Lehrerin und meine Integrationslehrerin die Klasse gemeinsam führen. Manchmal langweilt mich das, aber ich stelle fest, dass auch oft über mich und den Umgang mit mir gesprochen wird und das scheint viele in der Klasse ziemlich zu interessieren. Meine KlassenkollegInnen haben sich inzwischen an mich und meine Art, mich auszudrücken, gewöhnt. Sie können sogar vieles davon schon richtig deuten. Auch mir gefällt es in der neuen Schule sehr gut. Etwas schwer fällt es mir noch, mich an die längeren Unterrichtszeiten zu gewöhnen. Meine innere Uhr sagt mir, dass ich eigentlich immer um 12 Uhr nach Hause gehen möchte. Da sehe ich dann auch öfters die Autos des Fahrtendienstes auf den Schulparkplatz fahren. Meine Lehrerin erklärt mir dann aber, dass der Fahrtendienst jemand anderen abholt und ich noch ein oder zwei Stunden in der Schule bleiben muss. Darüber bin ich manchmal noch recht verärgert und verleihe diesem Ärger auch recht lautstark Aus-

druck. In solchen Situationen, oder wenn ich einfach einmal mehr Ruhe brauche, habe ich die Möglichkeit, mich in ein Zimmer zurückzuziehen, das direkt an die Klasse anschließt und Gruppenraum genannt wird.
Während des Unterrichts brauche ich überwiegend eine 1:1-Betreuung, das heißt, dass eine Person ausschließlich mit mir arbeitet. Das ist manchmal ganz schön schwierig für meine Integrationslehrerin. Sie hat aber schon bald herausgefunden, dass ich sehr gern und auch sehr gut Puzzles legen kann. Das macht mir so großen Spaß, dass mir manchmal gar nicht auffällt, dass sie nicht mehr neben mir sitzt. So hat sie dann Gelegenheit, sich auch um die anderen Kinder zu kümmern, die ebenfalls mehr Betreuung benötigen. Hie und da sind wir Integrationskinder alle gleichzeitig im Gruppenraum. Ist das der Fall, habe ich eine wunderbare Methode gefunden, die Aufmerksamkeit meiner Lehrerin ganz auf mich zu ziehen: Ich versuche, mich auf ihren Schoß zu setzen und drehe ihren Kopf zu mir – dann muss sie sich wohl mit mir beschäftigen.
Die Vorgehensweise mit den beiden BetreuungsschülerInnen hat sich gut bewährt. So habe ich in den Pausen immer Kontakt mit den Kindern, ohne dass mir der Rummel zu viel wird. Inzwischen kenne ich mich auch schon im Schulhaus ganz gut aus und so gehe ich mit meinen beiden MitschülerInnen manchmal auch auf den Gang vor unserer Klasse. Dort gibt es noch viele unbekannte Gesichter, und manche davon schauen mich ganz verwundert an. Da reagieren meine BegleiterInnen immer ziemlich eigenartig. Ganz verstehe ich das noch nicht.
Die letzte Woche war besonders aufregend für mich. Ich war mit meiner Klasse auf einer Projektwoche. Wir haben auf einer alten Burg eine „Zeitreise ins Mittelalter“ gemacht. Meine bei-

den Klassenvorstände haben sich schon lange vorher sehr darum bemüht, dass alle notwendigen Rahmenbedingungen geschaffen werden, damit ich an dieser Projektwoche teilnehmen kann. Ich habe dort so viele neue und aufregende Sachen erlebt und immer gespürt, dass sich meine LehrerInnen, BetreuerInnen und MitschülerInnen sehr um mein Wohlbefinden und meine speziellen Bedürfnisse bemühen. Ich hatte viel Spaß, und nachdem sich die anfängliche Aufregung gelegt hat, habe ich nachts endlich auch länger als zwei Stunden wunderbar geschlafen. Gemeinsam mit meinen LehrerInnen gestaltete ich ein Tagebuch – so konnte ich zu Hause meiner Familie doch etwas von meinen Erlebnissen zeigen.

Das erste Schuljahr in meiner neuen Schule ist eigentlich sehr schnell vergangen. Meine KlassenkollegInnen und LehrerInnen lassen mich mit viel Begeisterung und Eifer am Schulleben teilhaben. Sie freuen sich mit mir über jeden meiner Erfolge.

In den ersten Wochen des nächsten Schuljahres fällt es mir ziemlich schwer, mich wieder an den schulischen Alltag zu gewöhnen. So esse ich alles, was ich rumstehen sehe. Nicht alle meine KlassenkollegInnen nehmen das mit Humor. Trotzdem bemühen sich alle sehr, mich in dieser Phase besonders zu unterstützen.

Nach einiger Zeit habe ich die Regeln und Unterrichtszeiten wieder akzeptiert. Jetzt kann ich mich wieder auf das Lernen konzentrieren. Ich nehme nun schon viel öfter Kontakt zu anderen auf. Meine Lehrerinnen haben extra für mich spezielle Kärtchen mit Bildern von verschiedenen Gegenständen und Situationen hergestellt. Mit Hilfe dieser Karten habe ich in diesem Jahr auch erlernt, einige meiner Wünsche genau und verständlich zu vermitteln.

Gegen Ende des Schuljahres nehme ich immer häufiger auf die Bedürfnisse der Klasse Rücksicht und bin z.B. bei Schularbeiten sehr ruhig. Die Klasse dankt mir das mit enormer Hilfsbereitschaft und Aufmerksamkeit. Auch im zweiten Jahr fahre ich mit der Klasse auf Projektwoche: Diesmal geht es ins Burgenland. Dort darf ich sogar reiten, was mir besonders viel Freude bereitet. Das System mit den BetreuungsschülerInnen hat sich auch in meinem zweiten Schuljahr an der KMS sehr gut bewährt und meine KollegInnen melden sich dafür immer noch gern freiwillig.
Auch im dritten Schuljahr brauche ich einige Zeit, um mich wieder an die schulischen Regeln zu gewöhnen. Gleich zu Beginn habe ich ein tolles Erfolgserlebnis: Meine Lehrerin hat mir mein erstes 100 Teile-Puzzle mitgebracht und ich habe es ganz alleine geschafft! Alle teilen meine Begeisterung.
Heute ist etwas Interessantes passiert: Einige meiner KlassenkollegInnen hatten einen heftigen Streit mit SchülerInnen aus den beiden Parallelklassen. Meine Lehrerin hat sich nach dem Grund für den Streit erkundigt und erfuhr, dass die anderen Schüler mich nachgemacht hätten und dass meine KollegInnen sich darüber sehr aufgeregt hätten. Meine Lehrerin überlegte eine Weile, besprach sich dann mit den Klassenvorständen der anderen Klassen und dann setzte sie ihre Idee in die Tat um: Sie ging in die anderen Klassen und erklärte dort, wie die Welt mit den Augen eines Kindes ausschauen könnte, das Dinge so wahrnimmt, wie ich es tue. Wirklich wissen tun das ja nur wir selber.
Die SchülerInnen durften ihr natürlich auch Fragen stellen. Dabei fiel ihr auf, dass einige offenbar vergessen hatten, dass ich nicht reden kann und daher andere Wege finden muss, um mich auszudrücken. Sie hatte das in der ersten Klasse zwar

schon einmal erklärt, tat dies nun aber noch einmal und erzählte auch von den BetreuungsschülerInnen. Da sich einige Kinder recht interessiert zeigten, fragte sie nach, ob denn auch jemand aus den Parallelklassen einmal diese Aufgabe gemeinsam mit SchülerInnen aus meiner Klasse übernehmen möchte. Tatsächlich haben sich einige gemeldet und so wurde eine Liste erstellt, wann wer zu mir kommen kann.
Erstmals haben SchülerInnen aus einer anderen Klasse mit mir eine Pause verbracht. Ich finde das ganz interessant und meine KlassenkollegInnen freuen sich auch. Endlich können sie zeigen, dass sie schon ExpertInnen im Umgang mit Menschen mit besonderen Bedürfnissen sind. Das bringt ihnen Anerkennung bei den anderen SchülerInnen. Meine Lehrerin sagt auch, dass dies darüber hinaus bei allen das gegenseitige Verständnis und das Verantwortungsbewusstsein fördert. Ganz genau weiß ich zwar nicht, was sie damit meint, aber mir ermöglicht es jedenfalls, mit einer größeren Gruppe in meiner sicheren Umgebung Kontakt aufzunehmen.
So fügt sich ein weiterer Teil in das Puzzle meiner Fähigkeiten.

PETRA HERBEK

Wiener Schwerhörigenschule
Hammerfestweg 1, 1220 Wien

Unterrichtsfach/fächer:
Alle Gegenstände außer Religion und Werken

Das gefiederte Eichhörnchen

Die Geschichte, von der ich berichten möchte, trug sich vor einigen Jahren in einer dritten Klasse Volksschule der Wiener Schwerhörigenschule zu.

Um zu verstehen, auf welche Weise die Mehrzahl der schwerhörigen Kinder lernen, sollte man wissen, dass sie sich notwendigerweise oft viele Dinge zusammenreimen, da sie sprachlich dem Unterricht nicht immer folgen können. Sie orientieren sich an einzelnen Wörtern und versuchen, diese miteinander zu kombinieren, auch wenn sie bisweilen gar nichts miteinander zu tun haben.

Wir hatten gerade Sachunterricht zum Thema „Eichhörnchen" und sprachen ausführlich über die charakteristischen Eigenschaften dieses Tieres. Ich erzählte beispielsweise, dass Eichhörnchen sehr gut springen können und hierfür einen besonders langen, buschigen Schwanz benötigen. Bei den Nahrungsvorlieben erwähnte ich, dass Eichhörnchen manchmal auch junge Vögel fressen. Nachdem wir uns noch über einige andere typische Wesensmerkmale unterhielten, war ich

der Meinung, dass die meisten Schüler das Wichtigste verstanden hätten.
Ein paar Tage später hatte ich eine Einzelstunde mit einem schwerhörigen Schüler dieser Klasse, ich nenne ihn Flori. In diesen Einheiten werden Inhalte, die im Unterricht besprochen wurden, wiederholt, damit sich das Wissen festigt. Auch diesmal unterhielten wir uns über das vorangegangene Sachunterrichtsthema. Da Flori einen sehr geringen aktiven Wortschatz hatte, dafür aber gut zeichnen konnte, bat ich ihn, alles, was er sich über dieses Thema gemerkt hatte, aufzumalen. Sogleich begann er freudig an einer Geschichte zu arbeiten. Als er fertig war, erkannte ich Folgendes:

1. Bild: Ein schwanzloses Eichhörnchen fängt einen kleinen Vogel.
2. Bild: Das Eichhörnchen rupft dem Vogel die Federn aus.
3. Bild: Das Eichhörnchen steckt sich die Federn ins Hinterteil.

Ich war ratlos. Was hatte diese Bildgeschichte mit meinen Erklärungen zu tun? Ich bat Flori um Hilfe. Zusammengefasst bekam ich Folgendes zu hören:
Ich hatte doch erklärt, dass Eichhörnchen gut springen können und mitunter junge Vögel fressen.
Das weite Springen hatte meinen Schüler zum Nachdenken gebracht. Wie konnte das nur möglich sein? Als er auch noch von den jungen Vögeln hörte, war alles klar:
Eichhörnchen rupfen Vögeln, die bekanntermaßen gut fliegen können, und nützen ihre Federn, um flugähnlich springen zu können. Alles klar?
Ich hatte keine weiteren Fragen!

CHRISTINE MARISKA

Volksschule
Laimäckergasse 17, 1100 Wien

Unterrichtsfach/fächer:
alle Fächer außer Religion

Das Relikt

Manche Erlebnisse, die das Lehrerleben bereichern, klingen so unwahrscheinlich, dass man dabei automatisch an ein Märchen denkt. Diese Geschichte jedoch beruht auf Tatsachen. Vor sechs Jahren beschloss unser Lehrkörper an einem Pilotprojekt des zehnten Wiener Gemeindebezirks zum Thema „Netzwerk Natur“ teilzunehmen. Ziel dieses Langzeitprojekts war es, den Volksschülern in den vier Grundschuljahren die Flora und Fauna ihres Heimatbezirks nahezubringen. Dabei standen den Lehrern Naturexperten vom Wiener Arten- und Lebensraumschutzprogramm „NeNa“ mit Informationen zur Seite. Die didaktische Umsetzung und die Anpassung der Inhalte an Kinderniveau waren den Pädagogen zugedacht. In diesen vier Jahren lernten die Schüler insgesamt acht heimische Tierarten und deren Lebensräume näher kennen. Das erlernte Wissen wurde durch zahlreiche Lehrausgänge gefestigt. Es tat der Begeisterung der Schüler keinen Abbruch, dass es einige Tierarten vorzogen, sich nicht entdecken zulassen. Dabei denke ich beispielsweise an die Grillen am Liesingbach, die wir nur deshalb zu Gesicht bekamen, weil meine damalige Begleitlehrerin am Vortag eine Schachtel mit „zirpendem Inhalt“ in der Tierhandlung erstanden hatte. Heimlich, während des Lehrausgangs ausgesetzt, versetzten die lärmenden Insekten meine Klasse in pures Entzücken.

Diese Freude konnte ich meinen Schülern beim nächsten Lehrausgang nicht machen. Die Ziesel am Goldberg hielten rein gar nichts von Voyeurismus und ließen sich nicht blicken. Ein Großteil des Bereichs des Ziesellebensraums gehört zum Areal eines Privatsenders. Von daher war dieses Grundstück eingezäunt und nicht öffentlich zugänglich. Also schlich ich mit meiner Klasse nun am Zaun entlang. Immer wieder spähten wir durch den Maschendraht, um auf dem verwilderten Gebiet wenigstens ein Zieseljunges zu erblicken. Doch das Glück war nicht auf unserer Seite. Entmutigt ließen wir uns zu einer Rast auf der angrenzenden Wiese nieder. Während die Schüler unter den aufmerksamen Blicken meiner Kollegin jausneten, ging ich – mit dem Fotoapparat bewaffnet – abermals den Zaun entlang in der Hoffnung, doch noch eines der Pelztierchen zu entdecken.

Und siehe da: Mitten im Gras erblickte ich eine Reihe von Ziesellöchern. Das war ja immerhin schon etwas. Und noch etwas sprang mir ins Auge – ein Loch im Zaun! In kindlicher Euphorie quetschte ich mich durch die Lücke und stand alsbald vor den Ziesellöchern. Ich inspizierte Loch für Loch und schoss auch mehrere Fotos. In meinem Fotografiereifer fiel mir nicht auf, dass ich mich bereits auf einem sehr verwilderten Teil des Grundstückes befand. Rasch drehte ich um und wollte gerade durch das Zaunloch zu meiner Klasse zurückkehren, als ich im Dickicht, unter einem Strauch etwas liegen sah. Beim genaueren Hinsehen entpuppte es sich als ein langer,

blutiger Knochen mit etwas Fleisch daran und einem Teil Knorpelgewebe. Mich schauderte! War ich gar einem Kriminalfall auf der Spur? Doch kaum war dieser Gedanke zu Ende gedacht, kam ich zu dem Schluss, dass es sich wohl um das Knochenstück eines größeren Tieres handeln musste – doch von welchem Tier? Rind oder Pferd – hier im zehnten Bezirk? Um eine Antwort auf diese Frage zu finden und auch meinen Kollegen einen delikaten Anblick zu bieten, fotografierte ich meinen Fund von allen Seiten. Dann machte ich mich auf den Weg zu meiner Klasse. Etwas aufgelöst zeigte ich meiner Begleitlehrerin sofort die Fotos. Auch sie war ratlos.
In der Schule angekommen, begab ich mich in die Kanzlei, um Bericht zu erstatten. Die Fotos erzeugten im Lehrkörper einige Aufregung, und gaben Anlass zu wilden Spekulationen. Irgendwann fiel dann der Satz: „Müsste man das nicht der Polizei melden?“ Doch davon hielt ich nicht viel. Zum einen glaubte ich nicht, etwas Weltbewegendes gefunden zu haben, zum anderen stand am Nachmittag ein Seminarbesuch auf dem Programm, und den wollte ich nicht durch einen Knochen gefährdet sehen. Also tat ich nichts.
Am Abend berichtete ich meiner Familie von meinem Erlebnis und untermauerte meine Erzählung mit den Fotos. Ihr Kommentar: „Das musst du melden!“
Ich wollte mich bei der Polizei nicht lächerlich machen, doch irgendwie hatte ich selbst ein eigenartiges Gefühl beim Betrachten der Bilder. Vor allem, nachdem mein Mann sie auf den PC heruntergeladen hatte, und ich sie nun im Großformat sehen konnte. Also rief ich gegen 19.00 Uhr bei der nächstgelegenen Polizeidienststelle an, und erzählte meine Geschichte. Ich dachte, damit wäre die Sache erledigt. Weit gefehlt, denn jetzt fing die Geschichte erst an! Zuerst wurde

ich mehrfach telefonisch weiter verbunden und musste jedem Beamten von Neuem alles detailliert erzählen. Dann ließ man mich wissen, dass jemand vorbeikommen würde, um sich die Bilder anzusehen.
Kaum aufgelegt, standen vier Mann hoch von der Einsatzeinheit WEGA vor meiner Tür. Die Beamten drängten sich um unseren PC und betrachteten aufgeregt die Knochenfotos. Auch sie konnten auf den ersten Blick keine hieb- und stichfeste Diagnose abgeben. Nach mehreren internen Telefonaten wurde ich in einen Streifenwagen verfrachtet. Drei nette, diensthabende Polizisten fuhren mit mir zum Tatort. Da es auf besagtem Areal am Goldberg kein elektrisches Licht gibt, wurde das Gebiet mit den Autoscheinwerfern beleuchtet, und es dauerte eine Weile, bis ich das Loch im Zaun wieder entdeckte.
Mit Taschenlampen bewaffnet, begannen zwei Polizisten mit der Suche nach besagtem Knochen. Kaum entdeckt, standen sie ebenso ratlos da, wie ich am Vormittag. Wieder wurde hektisch telefoniert. Dann kam die Anweisung: Man müsste auf den Amtsarzt warten und gegebenenfalls auf die Spurensicherung. Ein Polizist wurde beauftragt, neben dem Knochen Wache zu schieben. Und die beiden anderen Kollegen waren redlich bemüht, mich zu unterhalten, zumal die Warterei auf den Arzt etwas länger dauern könnte – es war gerade Schichtwechsel.
Nach geschlagenen zwei Stunden Wartezeit in der Einöde des Goldbergs waren endlich die Scheinwerfer des Amtsarztautos zu sehen. Ein Arzt und eine Ärztin stiegen aus und begaben sich gemächlichen Schritts zum Fundort. Nach Begutachtung des Knochens und Betrachtung der Fundstelle, musste ich nochmals meine Geschichte zum Besten geben. Dann endlich

wurde das Corpus Delicti eingesammelt und zur genaueren Identifizierung fortgebracht. Nun war auch der Knochenwächter erlöst. Zu viert stiegen wir wieder in das Polizeiauto, und ich wurde daheim abgesetzt. Mittlerweile war es weit nach Mitternacht. Was es mit meinem Fund tatsächlich auf sich hatte, habe ich zwar nie erfahren, bewahre diesen Lehrausgang allerdings als „SOKO Goldberg" in Erinnerung.

IRMI GÜTTNER

Offene Volksschule
Diesterweggasse, 1140 Wien

Unterrichtsfach/fächer:
alle Gegenstände

Michis Weg zum Erfolg

Ich arbeite als Volksschullehrerin und befasse mich seit 1996 mit der Integration autistischer Kinder im Regelschulwesen. Wir arbeiten nach dem Konzept der Inklusiven Pädagogik nach Georg Feuser. Demzufolge ist es unser Ziel, Schüler, die sich auf unterschiedlichen Entwicklungsniveaus befinden, gemeinsam zu unterrichten. In der Praxis handelt es sich um individualisierten Unterricht, bei dem die Kooperation der Schüler und Schülerinnen am gemeinsamen Gegenstand im Mittelpunkt steht.

Im Jahr 2000 kam Michi zu uns an die Schule. Ein Jahr zuvor wurde er als „wahrscheinlich unbeschulbar" von einer anderen Schule abgewiesen. Michi ist Autist. Bereits am Tag der Einschreibung zeigte er sich entsprechend aktiv: Sprang über Tische, berührte alles, was ihm in den Weg kam und demolierte in der Direktion zu guter Letzt auch noch ein paar Schlüssel. Dieser erste Eindruck war meiner Partnerin zu viel. Sie sah sich mit der Situation, die ab sofort auf sie zukommen sollte, überfordert und wechselte postwendend die Schule.

Mein neuer Kollege Philipp kam nun an die Schule. Gemeinsam besuchten wir Fortbildungsseminare von Professor Feuser und bereiteten uns möglichst gut auf den Schulbeginn vor. Uns war klar, dass wir uns einig sein mussten in unserem Tun, die Regeln mussten fix sein, das Unterrichtskonzept musste stehen. Wir besuchten Michi auch zu Hause, um uns allen den ersten Schultag zu erleichtern – was in der Folge auch gelang.

Schon nach wenigen Wochen zeigte sich Michis besondere Begabung für Mathematik. Auch in Deutsch wurde er bald ein guter Schüler, zumal er dank seines fotografischen Gedächtnisses nahezu keine Rechtschreibfehler machte. Vergleichsweise weitaus größer war für ihn die Herausforderung zu lernen, wie das Zusammenleben in einer großen Gruppe funktioniert, wie andere Menschen auf ihn reagieren, wie man Freunde findet. Kurzum: Wie man es schafft, sich in der Klasse zu integrieren.

Zum damaligen Zeitpunkt hatten wir insgesamt 19 Volksschulkinder zu unterrichten. Neben Michi gab es noch andere Kinder, die unsere ganz besondere Aufmerksamkeit benötigten. Jedenfalls war es zu Beginn unser erstes Ziel, dass sich alle Kinder untereinander gut verstehen, dass es gelingt, Schritt für Schritt eine Klassengemeinschaft aufzubauen. Dazu gehörte auch, sich mit Michis Verhaltensweisen vertraut zu machen.

Wie alle Autisten zeigte er ganz spezielle Interessen – verblüffte mit Kopfrechenaktionen, war ein Meister im Imitieren von Tierstimmen und wusste immer aufs Neue mit diversen Eigenheiten Verwunderung zu wecken. So interessierte er sich beispielsweise in der zweiten Klasse für Waschmittel. Am Morgen, wenn die Eltern vor der Schule warteten, berührte er ihre

Jacken oder Pullover und meinte: „Mit 30 Grad waschen" oder „mit 60 Grad waschen". War er sich bei dem einen oder anderen Kleidungsstück nicht ganz sicher, ließ er sich die Waschetikette zeigen. Von Tag zu Tag spezialisierte er sein Wissen mehr und gab zu guter Letzt auch noch einen Waschmittel-Tipp samt Preiskalkulation ab. Bei diesen Aktionen konnte er sich so richtig hineinsteigern – war Feuer und Flamme und entsprechend aufgeregt.

Um sich selbst zu beruhigen, drehte er sich dann im Kreis, mit 55 Stundenkilometern, wie er selbst feststellte. Bewegungsdrang war generell ein großes Thema. Demzufolge liebte er es auch, sich mit mir am Gang Wettrennen zu liefern. Damit auch ich eine Chance gegen ihn hatte, tauschten wir unsere Schuhe. Ich war mit Hausschuhen annähernd so schnell wie Michi mit meinen Stöckelschuhen.

Generell war es natürlich unser Ziel, dass Michi mit der Zeit ruhiger und ausgeglichener wird. Deshalb boten wir ihm auch ein sogenanntes Time-out, also eine kurze Auszeit, in der er Musik hören durfte. Er besaß einen Walkman, der in seiner Abspielgeschwindigkeit verstellbar war. Je nach Verfassung hörte Michi seine Lieblingslieder zwischen den Polen „sehr schnell" bis „normal". Da seine innere Uhr meist schneller tickte, wollte er die Musik auch entsprechend schneller hören. Wir begrenzten dieses Time-out stets exakt, beispielsweise von 10.36 Uhr bis 10.42 Uhr, daran hielt sich Michi auch ganz genau.

In diesem Zusammenhang war auch die Gruppendynamik innerhalb der Klasse interessant. Manche Dinge, die wir nicht durchsetzen konnten, erreichten Michis Mitschüler. Um nur ein Beispiel zu nennen: Wenn es galt, sich in der Reihe anzustellen, wollte Michi immer der Erste sein. Da andere Kinder diesen Wunsch allerdings ebenfalls hegten, vereinbarten sie untereinander, dass Michi an den „D-Tagen" (also Dienstag und Donnerstag) Erster sein durfte. Manchmal versuchte er zwar zu feilschen und aus einem Mittwoch einen Donnerstag zu machen, aber das ließen ihm die Kinder nie durchgehen. Auf diese Weise lernte Michi sukzessive, wie das Regelwerk innerhalb einer Gruppe funktioniert.

Jahr für Jahr verging – und bald stellte sich die Frage: Wohin mit Michi nach der Volksschule? Zu unserer Freude erwirkte Michis Mutter für ihn einen Platz in einer Integrationsklasse in der Privaten Kooperativen Mittelschule Friesgasse. Wie sich bald herausstellte, gab es dort sehr engagierte LehrerInnen. Sie hielten Rücksprache mit uns, besuchten Fortbildungen, und unterstützten Michi vom ersten Tag an.

Schon in dieser Zeit kristallisierte sich sein Interesse für Elektronik heraus. Und nach vier Jahren Unterricht bekam Michi einen Platz in der Fachschule für Elektrotechnik an der HTL Donaustadt. Da für diese Institution keine Integrationslehrer mehr vorgesehen sind, wurde Michi ein Assistent, Kristian, zur Seite gestellt.

In den ersten zwei Schulwochen war Kristian stets vor Ort, um herauszufinden, in welchen Belangen Michi Unterstützung benötigte. In Hinkunft sollte seine Assistenz nicht mehr als zehn Stunden pro Woche umfassen. Parallel dazu besuchte ich einige Lehrerkonferenzen und informierte über Autismus und Michis spezielle Eigenheiten. Wenngleich einige Lehrer zu Beginn skeptisch reagierten, schloss ihn sein Klassenvorstand, Franz Santrucek, sofort ins Herz, fungierte als „Fels in der Brandung" und unterstützte ihn nach Kräften. Bald stellte sich auch heraus, dass viele seiner Mitschüler, die einfach nur das neunte Schuljahr hinter sich bringen wollten, bei weitem

nicht so wissbegierg waren wie Michi, der nach dem zweiten Schuljahr bereits Klassenbester war.
Und dies ist nun auch der Kern meiner Geschichte: Zu zeigen, dass es mit vereinten Kräften möglich ist, dass ein Kind, das auf Grund einer Wahrnehmungsstörung in manchen Lebensbereichen einfach Hilfe benötigt, dennoch seinen Weg machen kann. Wohlgemerkt mit vereinten Kräften. Denn Kristian – unterstützt Michi nach wie vor – sowohl in der Schule, im Rahmen von Ferialjobs und bisweilen auch – daheim. Kristian wird auch nicht müde zu betonen, dass der erste Rat der Wohlmeinenden, Michi doch in eine Behindertenwerkstätte zu schicken, für dieses Kind nicht die passende Option wäre. „Michi kann arbeiten, er versteht viel von seinem Fach und lernt dazu, wenn jemand bereit ist, ihm etwas zu erklären. Er wird lernen sich selbst zu erhalten, zu versorgen, zu leben – er braucht nur eine Spur Toleranz.“

MICHAELA BRÄUER

Öffentliche Volksschule
Am Kaisermühlendamm 2, 1220 Wien

Unterrichtsfach/fächer: Deutsch, Mathematik, Sachunterricht, Musikerziehung, Bewegung und Sport, Englisch, Bildnerische Erziehung/Schreiben

Wie ein Märchen

In Wien Donaustadt, am Kaisermühlendamm 2 war eine neue Volksschule in Planung. Als die Baumaschinen auffuhren, erhob eine ältere Dame, die vis-à-vis der Baustelle wohnte, gegen den Schulbau massiven Einspruch. Sie hatte Angst, dass die Kinderschar, die demnächst zur Schule pilgern würde, ihre Beschaulichkeit und Ruhe stören könnte. Doch ihr Einspruch blieb ohne Konsequenzen. Die Schule wurde planmäßig gebaut und bald darauf von vielen Kindern bevölkert.
Einige Jahre vergingen, und niemand erinnerte sich mehr an die Bedenken der Frau, die nach wie vor im gegenüberliegenden Haus wohnte. Doch eines Tages bat die nunmehr betagte Dame um einen Gesprächstermin bei der Schuldirektorin. Sie wollte sich für ihre damalige Einstellung entschuldigen. Nun sei sie nämlich der Ansicht, dass ihr die aufgeweckten Schülerinnen und Schüler, die sie von ihrem Fenster aus beobachten konnte, viel Freude bereiteten. Die unmittelbare Nähe zur Schule bringe Abwechslung in ihren Alltag – schütze sie vor dem sich bisweilen einstellenden Gefühl von Einsamkeit.

Die Direktorin war gleichermaßen erstaunt wie erfreut über den Sinneswandel der Dame, die ihr im Zuge der Unterhaltung ausgesprochen belesen und gebildet vorkam. Spontan fragte sie die Frau, ob sie vielleicht Lust hätte, etwas für die Kinder zu tun, direkt mit ihnen in Kontakt zu treten. Zum Beispiel ihnen Geschichten vorzulesen.
Diese Idee fand bei der alten Dame sofort Anklang und wenige Tage später fungierte sie in der 3B erstmals als Vorlese-Omi. Zu Beginn waren die Kinder ziemlich erstaunt, dass ihnen plötzlich eine nette alte Dame Geschichten vorlas und darüber hinaus aus ihrem Leben erzählte. Aber die Schilderungen von ihrer Jugend, ihrer Schulzeit und ihren Enkelkindern waren schlichtweg abwechslungsreich und spannend. Auch die Geschichten, die sie den Kindern vorlas, trafen voll den Geschmack der Schülerinnen und Schüler. Kurzum: Die Kinder waren auf Anhieb begeistert, lauschten aufmerksam und benahmen sich vorbildlich – selbst jene, die sonst nicht immer ein derart braves Verhalten an den Tag legten.
Also beschloss man – sehr zur Freude aller Beteiligten –, die alte Dame ein Mal pro Woche für jeweils 30 Minuten im Stundenplan zu berücksichtigen. Von Mal zu Mal wuchs das gegenseitige Vertrauen, die Kinder öffneten ihre Herzen, erzählten von ihren Sorgen und Wünschen und fanden in der Vorlese-Omi eine aufmerksame und einfühlsame Zuhörerin.
Selbst wenn diese Geschichte wie ein Weihnachtsmärchen klingen mag – sie ist wahr und der beste Beweis dafür, dass ein bisschen Liebe und Verständnis zwischen den Generationen Frieden und wechselseitige Wertschätzung bringen kann.

JOHANN SCHRAHBÖCK

Hauptschule / Neue Mittelschule Ebenfurth
Hauptstraße 1, 2490 Ebenfurth

Unterrichtsfach/fächer: Englisch, Bildnerische Erziehung, Technisches Werken und Informatik

Elektra oder Wie Marina meinen Job rettete

1988 hatte ich eine 4I in Englisch, also eine vierte Klasse in der ersten Leistungsgruppe: clevere Schüler, elf Mädchen und zwei Buben. Aus ihnen ist ausnahmslos etwas geworden, alle haben einen brauchbaren Beruf, zum Teil auch Familie. Warum ich das so genau weiß? Weil ich unlängst beim 20-jährigen Klassentreffen war. Die Leute stehen heute, mit 34 Jahren, alle mitten im Leben. Und doch erinnere ich mich noch sehr gut an so manche Aktion, die sie mir in Schülerzeiten lieferten. Speziell in einem Fall drohte der Spaß zu weit zu gehen: Wir verbesserten gerade gemeinsam eine Schularbeit. In der ersten Reihe, direkt vor dem Lehrertisch, saßen Elektra und Marita, zwei der cleveren, aber auch besonders hübschen Mädchen in dieser Gruppe. Bei Elektra kam noch hinzu, dass sie mit ihren vierzehn Jahren bereits große … also oben herum, Sie wissen schon … Zudem versuchte sie an diesem Tag, durch laszive Gesten, die durch das teilweise Aufknöpfen ihrer Bluse noch unterstrichen wurden, die Aufmerksamkeit des

jungen Lehrers auf sich, genauer gesagt, auf ihr Dekollete zu ziehen. Als sie zur Lösung einer Aufgabe an die Tafel gerufen wurde, knöpfte sie, zwar errötend, doch sich um diesen Zustand so gar nicht kümmernd, ihre Bluse weiter auf, und zwar komplett. Eine ihrer beiden gewaltigen … zeigte sich bereits entblößt Klassenluft schnuppernd. Die anderen Schüler quietschten vor Lachen.
„Elektra, ich weiß, wie so etwas aussieht, pack das bitte weg!"
Den Coolen mimend, versuchte ich die Situation zu meistern. Elektra lächelte nur und war soeben im Begriff, auch die andere … hervorzuholen, als es klopfte. Elektra stand der Tafel zugewandt, versuchte hektisch, ihre Bluse in Rekordzeit zuzuknöpfen, als die Türe auch schon aufschwang.
Marina, meine hoch geachtete, in diesem Augenblick allerdings noch viel mehr geschätzte Kollegin, betrat die Klasse, um eine Stundenplanänderung bekanntzugeben.
Elektra hatte ihre beiden … gerade noch rechtzeitig eingepackt. Was blieb, war der hochrote Kopf.
„Was ist denn los?" Marina stand ahnungslos vor der Klasse ihrer Klasse nämlich, denn sie war deren Klassenvorstand.
Nach der Stunde erzählte ich ihr alles, und wir vereinbarten, dass ich, sollte Elektra nochmals versuchen, mich vor den Schülern für sich zu begeistern, die Klasse sofort verlassen und Marina holen würde. Sie versprach im Gegenzug, mit Elektra ein Gespräch zu führen und ihr Geheimhaltung der Begebenheit zuzusichern.
Heute geht Pia, Elektras Tochter, bei uns zur Schule. Und ich musste unweigerlich innerlich schmunzeln, als sie unlängst sagte: „Ich bin doch eh gut in Englisch, aber die Mama möchte am Elternsprechtag unbedingt zu Ihnen, was weiß ich warum …"

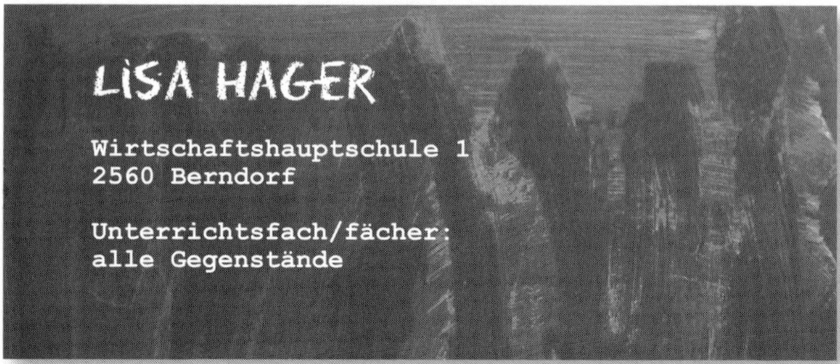

L wie Lisa

2006, im selben Jahr als ich das Lehramt für Sonderschule abgeschlossen hatte, herrschte in New York Lehrermangel. Eine Gelegenheit, die ich mir nicht entgehen lassen wollte. Kurzerhand bewarb ich mich bei einer Schule für Kinder mit Autismus. Und schon wenige Wochen später hieß es: Koffer packen! Ab sofort war meine Dienststelle in New York, mitten in der Bronx. Die neue Situation war in mehrfacher Hinsicht eine große Herausforderung. Zum einen absolvierte ich mein erstes Dienstjahr, zum anderen war die Umgebung ebenso ungewohnt, wie das amerikanische Schulsystem, das sich in vielerlei Hinsicht vom österreichischen unterscheidet. Doch nach einigen Monaten hatte ich den Dreh heraußen, kannte die Kinder schon wesentlich besser und konnte abschätzen, was in der jeweiligen Situation zu tun war. Ich lernte von Tag zu Tag – profitierte nicht nur von Gesprächen mit meinen Kollegen, sondern auch von meinen Schülern und deren Eltern.

Nachdem das erste Schuljahr gut über die Bühne gegangen war, wurde mir im darauffolgenden eine deutlich schwierigere

Aufgabe auferlegt. Ich bekam eine Klasse zugewiesen, konkret sechs Kinder, die überdurchschnittlich viel Aufmerksamkeit und Geduld benötigten und diese auch einforderten. Weil es sich um sogenannte „schwierige" Schüler handelte, wurden mir drei zusätzliche Hilfskräfte zur Seite gestellt. Jedes der Kinder benötigte individuelle Betreuung. Einer von ihnen allerdings in besonderem Maß: Obwohl der Bub bereits acht Jahre alt war, hatte er in seinem ganzen Leben noch kein einziges Wort gesprochen oder ähnlich klingende Laute von sich gegeben. Er hatte einfach verweigert und beschlossen nicht zu sprechen – die Gründe hierfür waren unbekannt; auch seiner Mutter war sein Verhalten ein Rätsel.

Eines Tages, wir waren grade beim Wiederholen der Buchstaben A wie Apfel, B wie Bär ..., kamen wir zum Buchstaben L. Plötzlich, wie aus dem Nichts sagte mein 8-jähriger Schüler: „L wie Lisa". Mit einem Mal waren alle Augen auf ihn gerichtet. Wir konnten unser Erstaunen und unsere Freude kaum bremsen. Ich war völlig überwältigt und fiel ihm mit Tränen in den Augen um den Hals. Ich wusste nicht, was ich sagen sollte – schlüpfte für wenige Augenblicke in seine bisherige Rolle und war sprachlos.

Ab diesem Zeitpunkt lernte ich meinen Schüler von einer anderen Seite kennen. Sah, wie viel in ihm steckte. Wenige Wochen später konnte er ohne Schwierigkeiten das gesamte Alphabet aufsagen, wusste alle Namen seiner Mitschüler und Betreuer und es war ihm sogar möglich, einfache Sätze zu bilden.

Auch seine Mutter war unendlich erleichtert und glücklich. Ihre Freude werde ich nie vergessen, als ich ihr telefonisch mitteilte, dass ihr Sohn zum ersten Mal gesprochen hatte. Sie war sehr bewegt und bedankte sich bei mir für meine Geduld und mein Engagement für ihren Sohn.

Diese Geschichte hat mein Herz berührt und mir gezeigt, wie viel man bei einzelnen Menschen bewegen kann. Dass es möglich ist, Einfluss auf die weitere Entwicklung eines Kindes zu nehmen und infolgedessen auch das Leben seiner Familie zu erleichtern. Diese Einsicht wird mich stets begleiten und immer daran erinnern, warum ich diesen beruflichen Weg eingeschlagen habe.

KATALIN DARTHE

Sonderpädagogisches Zentrum 12
Rosasgasse 8, 1120 Wien

Unterrichtsfach/fächer:
alle Gegenstände

Pest – Protokoll eines symbolischen Todes

„Bring mir die Flasche", hat er gerufen. Und sie ist aufgestanden und in die Küche gegangen. An die Küche kann sie sich noch gut erinnern. Eine weiße Eckbank ist unter dem Fenster gestanden. Weiß gestrichenes Holz, das schon ein bisschen gelb geworden ist. Und die Sitzflächen hat man aufklappen können. Beide. Die Bierdosen und Flaschen, leere und volle sind auf der einen Seite gewesen. Und irgendwelche Fetzen in der anderen. Vielleicht waren es auch Hemden und alte Pullover. Manchmal waren auch Zeitungen darin. Die Rückenlehne dieser Bank hat Sprießerln gehabt, vier Zentimeter waren sie voneinander entfernt. Wie sie noch klein gewesen ist, hat sie die Hand durchstrecken können, die ganze Hand. Später ist das nicht mehr gegangen. Da hat sie nur mehr ihre Finger durchgestreckt. Zwei oder drei, oder auch nur einen. „Bring mir endlich den Wein!" Hat er wieder gerufen. Den Kühlschrank hat sie aufgemacht und die Flasche herausgenommen. Eine grüne Glasflasche. Gegen das Licht hat sie sie gehalten, und dann hat es ausgesehen, wie wenn die Sonne durch einen grünen Himmel scheinen würde. An den Wänden ist irgendeine Tapete gewesen. Gelb oder mit gelben Blumen war sie, oder so ähnlich. Ein Bild hat es auch gegeben an dieser Wand. Es war ein farbiges Bild – ein recht großes längliches – und es war aus einem Kalender mit einer Frau darauf: eine nackte, von hinten hat man sie gesehen, aber sie ist so verdreht dagestanden, dass man ihre Brüste auch gesehen hat. Vor dem Spiegel im Zimmer hat sie sich manchmal so hingestellt und versucht, ob sie auch so dastehen kann, aber meistens ist sie umgefallen dabei. Wie sie dann größer geworden ist, hat sie es auch nicht mehr versucht. Die Lampe hat einen zerbrochenen Schirm gehabt. Ein gelber Glasschirm ist es gewesen, mit einem Muster darauf, aber das Eck war schon herausgebrochen gewesen, bevor sie überhaupt auf die Welt und in diese Wohnung gekommen ist. Das Fenster hat keinen Vorhang gehabt. Eine Vorhangstange war schon da, aber kein Vorhang. Auf die Fensterscheibe hat sie einmal ein paar Pickerln geklebt. Ein Herz, ein goldenes, und ein Pferd und einen Marienkäfer. Vom Marienkäfer fehlt inzwischen die Hälfte, aber man kann noch sehr gut erkennen, dass es einer ist.

Den Wein hat sie ihm auf den Tisch gestellt. Gleich neben seine Füße, die er immer auf den Tisch gelegt hat, wenn er in den Fernseher geschaut hat. Am Abend hat er immer in den Fernseher geschaut. Immer. Und seinen Wein dazu getrunken. Den aus der grünen Flasche, die sie ihm aus der Küche hat holen müssen. Irgendwann ist sie müde geworden. Das weiß sie noch ziemlich genau. Sie hat sich dann auf die Couch im Zimmer gelegt und ist trotz der Fernsehgeräusche immer sehr schnell eingeschlafen.

In der Früh ist er dann zur Arbeit. Aufgeweckt hat er sie nicht, aber sie hat die Eiskastentür zuschlagen gehört, wenn er sich sein Bier herausgenommen hat. Und das Radio, das er eingeschaltet hat, hat sie auch gehört. Sie hat sich dann die Augen gerieben und gewusst, dass sie schnell machen muss, weil er immer sehr, sehr grantig gewesen ist in der Früh. Anziehen hat sie sich nicht müssen, weil angezogen war sie ja noch vom Abend. Und zum Essen war sowieso nichts zu Hause. Aber auf den Gang hinaus aufs Klo ist sie gelaufen und ihre Schuhe hat sie gesucht. Auch den Mantel, der in der Küche herumgelegen ist. Er ist schon in der Tür gestanden und hat den Schlüssel in der Hand gehabt. Die Tür hat er zugeschmissen und zugesperrt, dann ist er vor ihr die Stiegen hinunter gegangen.
Rund war das Stiegenhaus. Rund und sehr finster. Dunkelgraue Wände und dunkelgraue Stufen und nur nach jedem Stiegenabsatz eine Glühbirne. Angst hat sie gehabt in diesem Stiegenhaus. Angst, dass nach so einer Rundung ein Wesen hervorspringt und sie frisst. Sie hat sich am Stiegengeländer festgehalten und sich gedacht, wenn sie es schafft, in einem Atemzug bis zum Treppenabsatz zu kommen, kann das Wesen sie nicht fassen. Ganz tief hat sie oben immer eingeatmet und erst unten wieder die Luft herauslassen. Ganz erleichtert war sie jedes Mal, wenn sie unten aus dem Stiegenhaus draußen und auf der Straße waren.
Die Tante im Kindergarten ist sehr lieb gewesen zu ihr. Auf den Schoß hat sie sie genommen und gestreichelt und mit einer Bürste ist sie ihr durch die Haare gefahren. Dann hat sie auch einen warmen Kakao bekommen, noch bevor die anderen Kinder ihre Jause gegessen haben. Den ganzen Tag ist sie dann dort gewesen. So lang, bis der Vater sie als letztes Kind

am Abend abgeholt hat. Manchmal hat ihr die Tante etwas zum Anziehen mitgegeben. In einem Sackerl war ein Pullover drinnen und manchmal auch Schuhe. Das hat der Vater dann wortlos in Empfang genommen, mit dem Kopf genickt und etwas gemurmelt, das sie nicht verstanden hat. Nach Schweiß hat er gerochen und nach Bier und sehr schmutzig waren seine Hände und seine Haare waren staubig, wenn er dann die Stufen vom Kindergarten hinunter gegangen ist und sie versucht hat, mit ihm Schritt zu halten. Das dunkle Stiegenhaus sind sie dann wieder hinaufgegangen. Er vor ihr und sie hat wieder die Luft angehalten die ganze Zeit, damit das Wesen sie nicht zu fassen bekommt.

Manchmal hat der Vater am Abend Besuch bekommen. Sie ist aufgewacht von den Geräuschen. Die waren anders, als die vom Fernseher. Gelacht hat die Frau und geredet haben sie und das Bett hat geknarrt und geschrien und gestöhnt haben sie, die Frau und der Vater. Sie hat sich schlafend gestellt, aber manchmal hat der Vater gemerkt, dass sie wach ist, und dann hat sie hinaus müssen in die Küche, auf die weiß gestrichene Eckbank mit den Sprießerln. Das war sehr hart und unbequem. Sie hat immer die Hand durch die Sprießerlabstände gesteckt und wie sie größer geworden ist, eben nur mehr die einzelnen Finger. Aber das Schreien und das Stöhnen hat sie auch in der Küche gehört. Irgendwann ist sie dann doch eingeschlafen.

Einmal, so kann sie sich erinnern, hat eine Frau länger beim Vater gewohnt. Da sind dann Vorhänge in der Küche gewesen vor dem Gangfenster. Weiß waren sie, mit gelben Blumen. Und in der Früh hat sie eine Buttersemmel bekommen. Und am Abend manchmal etwas Warmes. Sie ist nett gewesen, die Helga. In die Schule ist sie schon gegangen, als die Helga dann

wieder ausgezogen ist. Gestritten haben sie die ganze Nacht und geschrien und der Vater hat hingehaut auf die Frau. Und die hat geweint und die Weinflasche auf ihn geworfen. Geblutet hat der Vater am Kopf und dann hat er nur noch fester hingehaut auf die Helga und sie an den Haaren gerissen. Überlegt hat sie, ob sie zur Helga laufen soll und sich dazwischen stellen, aber das hat sie sich dann doch nicht getraut, weil der Vater so wild war und so betrunken. Sie haben sich dann schon wieder versöhnt, aber diese Streitereien hat es immer öfter gegeben. Die Helga ist dann irgendwann nicht mehr gekommen. Sogar die Vorhänge hat sie wieder abmontiert und mitgenommen. Eine Zeit lang hat sie den Vater immer wieder gefragt, wann die Helga wieder kommt, und ob sie überhaupt wieder kommt, aber weil sie nie eine richtige Antwort bekommen hat, hat sie dann aufgehört zu fragen.
Vom Hort ist sie jetzt am Abend immer alleine nach Hause gegangen. Einen Schlüssel hat sie gehabt, an einer Schnur um den Hals. Im Stiegenhaus hat sie immer noch die Luft angehalten und ist, so schnell sie können hat, die runden grauen Stufen hinaufgelaufen. Oben hat sie dann aufgesperrt und den Fernseher aufgedreht. Der Vater ist oft sehr spät nach Hause gekommen. Angst hat sie dann schon ein bisschen gehabt in der Wohnung, aber der Fernseher hat gesprochen und das hat sie abgelenkt.
Einmal ist die Fürsorgerin gekommen. Der Vater hat davon gewusst und hat Ordnung gemacht in der Küche und ihre Decke gerichtet auf der Couch. Dann hat er die Flaschen unter den Deckel von der Küchenbank gegeben und gesagt, sie soll sich ja ordentlich benehmen. Den Fernseher hat er abgedreht und dann sind sie in der Küche gesessen und haben gewartet. Sie ist dann gekommen und war sehr jung und hat

Jeans angehabt und ganz kurze Haare. Auf die Bank hat sie sich gesetzt – zu ihnen – und mit dem Vater geredet. Dass er das Mitteilungsheft unterschreiben soll und dass er schauen muss, dass ihre Schulsachen in Ordnung sind. Sie hat ihr Federpennal nie in Ordnung und keinen Bleistift und keine Buntstifte, und die Hefte sind zerknittert, und Hefteinbände fehlen auch. Die Aufgaben sind in Ordnung, weil sie die ja im Hort macht, aber das allein ist zu wenig und er soll mehr darauf schauen, dass sie sauber ist und ordentlich angezogen. Im Turnunterricht hat die Lehrerin bemerkt, dass ihre Füße ganz schmutzig waren. Es ist doch schade, dass er sie so verwahrlosen lässt, sie ist doch so ein liebes und gescheites Mädchen. Der Vater hat sich das alles angehört und genickt. Mit ihr hat die Fürsorgerin dann auch noch gesprochen. Ob der Vater sie haut, hat sie gefragt. Mich nicht, hat sie gesagt, aber die Helga schon, so sehr, dass sie ausgezogen und nicht mehr gekommen ist. Aber dann hat sie gespürt, dass sie das lieber nicht so genau erzählen soll und hat nichts mehr gesagt. Die Fürsorgerin ist dann wieder gegangen. Der Vater hat die Flaschen aus der Bank geholt und sich vor den Fernseher gesetzt.
In den Ferien nach der dritten Volksschulklasse ist der Vater eigenartig geworden. Hat plötzlich begonnen, Wert auf Sauberkeit zu legen. Sie soll sich waschen, hat er gesagt und er will zuschauen, ob sie es auch gründlich macht. Und den Rücken, den hat er ihr dann eingeseift und abgewaschen. Die Hand, seine raue und rissige, hat sie gespürt auf ihrem Rücken und ihrem Hals und ihrem Popo und den Beinen. Er hat sie abgetrocknet ganz gründlich und sie ist sehr verwundert gewesen über diese Fürsorglichkeit. Manchmal ist es ihr ein bisschen unangenehm gewesen, dann hat sie gelacht und gekichert, weil er sie gekitzelt hat. Lieb war er mit einem Mal,

der Vater, und geredet hat er mit ihr und sie gestreichelt. Besonders am Abend vor dem Schlafengehen.
Die Schule ist neu gewesen. Die Hauptschule. Es hat ihr dort nicht sehr gefallen und deshalb ist sie nicht immer hingegangen. Im Prater ist es interessanter gewesen und einen Freund hat sie auch bald gefunden zwischen den Spielautomaten. Zusammen sind sie viel gewesen, an der Hand haben sie einander gehalten und auf der Bank zusammen Zigaretten geraucht. Seinen Arm hat er um sie gelegt und sie hat ihren Kopf an seine Schulter gelegt. Verliebt war sie in ihn. Lass uns zusammen weggehen. Nach Australien, hat er gemeint und von einer langen Schiffsreise erzählt, wo sie den ersten Teil als blinde Passagiere im Laderaum, später aber dann als Schiffsjungen verbringen hätten können. „Lass das!“, hat sie dann immer zu ihm gesagt, wenn seine Hand zu tief unter ihr T-Shirt geglitten ist, und „Ich will das nicht“, wenn seine Finger sich am Bund ihrer Jeans zu schaffen gemacht haben. Richtig gerauft haben sie dann bisweilen, weil er das natürlich unbedingt wollen hat. Manches Mal hat sie dann nachgegeben. Aber nicht oft. Meistens hat sie sich gewehrt und gebissen und gekratzt, bis er abgelassen hat von ihr, „du blöde Kuh!“ gesagt hat, und gegangen ist. Dann ist sie dort sitzen geblieben auf der Bank im Prater und hat sich die Strähnen aus dem Gesicht gewischt und denn Hass und die Wut und die Tränen. Ist lang noch dort sitzen geblieben und hat sich am Abend, erst wenn es kalt geworden ist, auf den Heimweg gemacht.
Der Vater ist schon mit seiner Flasche vor dem Fernseher gesessen. Die Füße hat er auf den Tisch gelegt.
Sauf dich tot, hat sie sich gedacht und nicht gewusst, wo sie sich hinsetzen soll. In die Küche hat sie sich gesetzt und geschaut, ob etwas im Kühlschrank ist. Aber außer den

unzähligen Bierdosen für ihren Vater hat sie nichts gefunden. Zu der leeren Vorhangstange hat sie hochgesehen und sich fast nicht mehr daran erinnert, dass es da einmal einen weißen Vorhang mit gelben Blumen gegeben hat. Dort ist sie sitzen geblieben, bis sie die Stimme des Vaters gehört hat: „Komm ins Bett!"

In der Schule hat es bald so viele Schwierigkeiten gegeben, dass sie fast überhaupt nicht mehr hingegangen ist. Eine Menge Verständigungen und Mahnungen und Vorladungen hat der Vater bekommen und einmal sogar eine Anzeige. Hundertfünfzig Euro hat er bezahlen müssen für ihr Schulschwänzen, da hat er ziemlich getobt. Dann hat sie es ein paar Tage lang wieder versucht, aber das viele Nachschreiben ihrer Versäumnisse hat ihr so gar keine Freude gemacht. Die letzten Schulmonate vor dem Zeugnis ist sie dann regelmäßig zur Schule gegangen, weil ihr alle möglichen Leute mit einer Heimeinweisung gedroht haben. Und dieser Gedanke ist ihr damals noch ziemlich unerträglich gewesen. Sie hat es sogar geschafft, ein gerade noch positives Zeugnis zu bekommen.

Und dann sind die Ferien gekommen. Der Vater ist arbeitslos gewesen und war dauernd zu Hause. Wann immer sie können hat, ist sie in den Prater gefahren, wo sie jetzt schon recht viele Freunde gehabt hat. Die meisten sind ein paar Jahre älter gewesen als sie. Da hat es den Hans gegeben, dem seit einer Schlägerei alle Zähne vorne gefehlt haben. Auf den Arm hat er sich selber eine Schlange tätowiert. Die hat ihr so gut gefallen, dass er ihr versprochen hat, ihr auch so eine zu machen. Der Peter war der Älteste. Er war schon siebzehn und ständig besoffen. Der Herbi hat immer von irgendwo Geld aufgetrieben und für alle gezahlt. Erst die Flipper und die Spielautomaten und dann die Pommes frites und die Langos.

Er ist oft weggegangen, so für ein, zwei Stunden, hat gesagt, dass er was aufstellen geht und ist dann mit ein paar Zwanzigern wieder zurückgekommen. Die Elfi hat auch oft Geld gehabt. Aber von ihr haben alle gewusst, dass sie sich auf den Babystrich stellt. „Was machst du da eigentlich?“, hat sie die Elfi einmal gefragt, aber die hat nur verächtlich gegrinst und gesagt, dass sie auch noch draufkommen wird.
Am Abend, wenn es kalt geworden ist und finster, ist sie heimgegangen. Der Vater hat jetzt immer wollen, dass sie nicht mehr auf der Couch liegt, sondern bei ihm im Bett. Dann hat er an ihr herumgestreichelt und sie nicht einschlafen lassen, und sie hat immer deutlicher gespürt, dass sie das eigentlich nicht will. Er hat ihr seinen Penis zwischen die Knie geklemmt und sich bewegt, hin und her und immer schneller, bis sie nass waren, ihre Knie. Dann erst hat sie sich hinüberlegen dürfen auf die Couch und er ist immer viel früher eingeschlafen als sie. Einmal ist sie von der Polizei aufgegriffen worden. Sie hat gesagt, dass sie bei einer Tante war und jetzt nach Hause geht, aber es war so spät, dass sie ihr das nicht geglaubt haben und sie mitgenommen haben auf die Wache. Es war Viertel eins in der Nacht, als sie sie mit dem Polizeiauto zum Vater nach Hause gebracht haben. Und wieder war vom Heim die Rede und wie alle weg waren, hat der Vater zu ihr gesagt, sie muss ab jetzt immer um neun Uhr zu Hause sein. Das war dann die Zeit, wo sie manchmal überhaupt nicht nach Hause gekommen ist. Sie hat zum Vater gesagt, dass sie bei einer Freundin übernachtet, und hat dann beim Peter geschlafen.
In die zweite Klasse ist sie gegangen und ein paar neue Lehrer hat es gegeben. Die waren gar nicht so schlecht, und eine gute Zeit lang ist sie richtig in die Schule gegangen. Der Vater hat wieder eine Freundin gehabt und ist in der Nacht jetzt oft

nicht zu Hause gewesen. Dann ist sie beim Küchentisch gesessen und hat gelernt und es hat ihr fast Spaß gemacht. Die Freunde vom Prater hat sie nicht mehr so oft gesehen, weil in der Schule am Nachmittag so viel los gewesen ist. Sport, da hat sie fast in jeder Neigungsgruppe mitgemacht. Eine Freundin hat sie gehabt, die Eva, bei der hat sie auch oft zu Mittag gegessen, bevor sie zusammen in Volleyball gegangen sind. Wenn sie die Nutella-Werbung sieht, wird ihr heute noch schlecht. „Magst ein Nutella?“, hat der Vater sie gefragt. Und dann hat er sich das Nutella draufgeschmiert und sie hat es herunterschlecken müssen. Im Genick hat er sie festgehalten, so fest, dass sie nicht auskönnen hat, nicht vor und nicht zurück und erst, wenn sie alles heruntergeleckt hat von ihm, hat er sie wieder losgelassen. „Ich geh in die Schule, und sag denen, was du so machst, wenn'st nicht parierst“, hat er gesagt. Und sie hat sich gedacht: „Nur das nicht, bloß nur das nicht!“ Nach einiger Zeit hat er das Nutella dann weggelassen und hat ihr nur mehr seinen Penis in den Mund gesteckt. Manchmal ist es schon halb zwei gewesen, bis sie endlich einschlafen hat können. Er hat sie in der Früh nicht aufgeweckt, weil er selber so lange geschlafen hat. Um zehn ist sie dann aufgewacht, mit Kopfweh und mit Bauchweh und in die Schule getraut hat sie sich dann auch nicht mehr. Dann ist sie in den Prater gefahren, noch bevor der Vater aufgewacht ist, und hat geschaut, ob sie wen findet. „Wo warst denn so lang?“, haben die gleich gefragt und sich gefreut, dass sie wieder da ist. Die Buben haben gemeint, dass sie jetzt auch einmal Geld anschaffen soll und die Elfi hat vorgeschlagen, sie kann ja mit ihr mitgehen auf den Strich. Zusammen sind sie dann durch die Praterauen gegangen und haben sich an den Straßenrand gestellt. Manche haben recht viel dafür bezahlt, wenn sie beide

ins Auto eingestiegen sind. Das Geld haben sie nachher alle zusammen im Prater ausgegeben.
„Wo hast du das blaue Auge her?“, hat der Klassenvorstand gefragt, und sie hat geantwortet, dass sie über die Stiegen gefallen ist. Der Lehrer hat aber keine Ruhe gegeben und ist mit ihr zur Schulärztin gegangen. Dort hat sie sich dann ausziehen müssen und die hat dann auch noch die blauen Flecken an ihren Oberarmen und den Schultern gesehen. Sie hat genau gemerkt, dass die Schulärztin versucht hat, sehr einfühlsam und sehr geschickt mit ihr umzugehen und zu sprechen. Aber sie hat sich gedacht: „Mit mir nicht!“ und hat geschwiegen. Die Ärztin hat ihr dann noch angeboten, dass sie jederzeit zu ihr kommen kann, wenn sie etwas auf dem Herzen hat und dann hat sie gehen dürfen. „Jederzeit?“, hat sie sich noch gedacht, wo doch jeder weiß, dass die Schulärztin höchstens einmal in der Woche an der Schule ist, und das nur für zwei Stunden.
Sie ist jetzt in die dritte Klasse Hauptschule gegangen und das ist die Zeit gewesen, wo es dem Vater nicht mehr genügt hat, ihr seinen Penis in den Mund zu stecken. Er hat sie haben wollen als Frau und er hat sie sich genommen. Wenn es sein hat müssen auch mit Gewalt. Wie ein Brett ist sie dann dagelegen, hat den Atem angehalten, und, wenn es ganz besonders schlimm war, in ihr Handgelenk gebissen. So fest, dass sie ganz blau war und voller Blutergüsse. In der Schule hat sie dann von ihrem kleinen Hund erzählt, mit dem sie spielt und der sie dann immer in ihr Handgelenk beißt.
Die Flasche ist weiß gewesen und die Flüssigkeit, die drinnen war, ist durchsichtig gewesen wie Wasser. „Probier mal“, hat der Herbi gesagt, immer wieder, bis sie die Flasche an den Mund geführt hat. Kosten hat sie wollen, einen vorsichtigen

Schluck tun, die Zunge hineintauchen, mehr nicht. Doch er hat sie festgehalten von hinten, und die anderen haben ihm geholfen. Die Flasche haben sie ihr in den Mund gesteckt und unter Grölen und Lachen den Wodka eingeflößt. Sie hat geschluckt und gespuckt und sich gewunden und gewürgt und geschrien, doch sie haben nicht aufgehört und ihr das brennende Zeug hineingeschüttet, bis sie kotzend zusammengebrochen ist. Sie hat kaum mehr atmen können, so sehr verbrannt hat es ihr die Eingeweide. Zitternd ist sie am Boden liegen geblieben in der Lacke aus Wodka und Erbrochenem. „Du verstehst auch keinen Spaß", haben sie gesagt und sie dort liegen lassen. Und sie hat gekotzt und gekotzt, bis nichts mehr gewesen ist in ihr, außer Hass und Verzweiflung.
Mit dem Vater hat sie jetzt auch oft getrunken. Den Wein aus der grünen Flasche, die sie schon lange nicht mehr gegen das Licht gehalten hat, weil sie inzwischen gewusst hat, dass die Sonne nicht durch einen grünen Himmel scheint. Wenn sie den Wein getrunken hat, ist alles viel leichter gewesen. Müde ist sie oft davon geworden und auch gleichgültig. Der Vater ist recht zufrieden gewesen mit ihr, weil sie sich dann kaum noch gewehrt hat. Es hat auch Abende gegeben, an denen er seine Freunde mitgebracht hat. In solchen Nächten hat sie immer besonders viel Wein getrunken. Zusammengesunken ist sie, einfach bewusstlos geworden.
„Die wird schon wieder", hat der Vater gesagt und ist mit den Männern ins Wirtshaus gegangen. Wie er dann heimgekommen ist, allein und im Morgengrauen, ist sie immer noch so dagelegen. So halb schief auf dem Bett und hat sich nicht bewegt. Er hat ihre Wange getätschelt, hilflos und besorgt, aber sie hat nicht reagiert. „Die wird schon wieder", hat er gemurmelt und sich schlafen gelegt. Er hat nicht schlafen können in

dieser Nacht. Und ganz zeitig in der Früh ist er aufgestanden und ist herumgeirrt in den Straßen. „Die wird schon wieder“, hat er sich vorgesagt. Immer wieder und immer wieder.
Sie ist nicht geworden. Die Schlaftabletten, die sie geschluckt hat mit dem vielen Wein, haben sie nicht mehr wieder werden lassen, und so ist er in eine Telefonzelle gewankt und hat die Rettung angerufen. Aufgewacht ist sie wieder und eine Weile hat sie gebraucht, bis sie hat erfassen können, wo sie ist. Einen Schlauch hat sie in der Nase gehabt und einen im Magen und im Arm eine Kanüle und schlecht ist ihr gewesen, so unsagbar schlecht. Und als der Arzt sie untersuchen hat wollen, hat sie geweint und geschrien und hat nicht mehr aufhören können damit.
Durch die Sommerhaidengasse geht sie nie wieder. Sie weiß nicht, wer jetzt dort wohnt und ob es Vorhänge vor dem Küchenfenster gibt. Wenn jemand sie fragt, ob sie einen Vater hat, sagt sie: „Nein, der lebt nicht mehr“, und irgendwie stimmt das ja auch, weil was ist das schon für ein Leben im Gefängnis. Wenn sie jetzt aus der Hauptschule kommt, geht sie nicht mehr in den Hort und nicht mehr in den Prater, sondern fährt mit dem Bus ins Mädchenheim. Ein Zimmer hat sie dort zusammen mit der Renate und der Michaela. Und das Einzige, das sie sich wünscht für ihr Zimmer, sind Vorhänge. Sie bekommt sie und darf sie auch selbst aussuchen. Mit der Michaela zieht sie los ins Vorhanggeschäft. Weißen Stoff sucht sie sich aus, mit gelben Blumen. Die hängen jetzt vor dem Fenster und passen irgendwie überhaupt nicht zur Tapete.

GUNDI HAIGNER

Kooperative Mittelschule mit ökologischem Schwerpunkt
Anton Baumgartnerstraße 119, 1230 Wien

Unterrichtsfach/fächer:
Englisch, Musik, Kreatives Schreiben

Wechselbad der Gefühle

Ich gehe in die 4A und werde gleich am Waschbecken neben der Tür aufgehalten. Sebastian hält seinen Kopf unter den Wasserhahn und wäscht seine blutende Nase. Noch bevor ich ihn fragen kann, was los war, sagt er mit erstickter Stimme: „Nichts, nichts, alles okay." Ich reiche ihm wortlos Papierhandtücher und drücke das Ice-pack, das ich von der Verarztung einer Blessur in der Pause noch bei mir habe, auf seinen Nacken.

„Sie bringen mich um!", schreit Sebastian, und: „Passen Sie auf, dass Sie kein Blut auf Ihr schönes Kleid bekommen." Dabei grinst er mich von unten an: „Sonst glauben die Lehrer in Ihrem Seminar, dass Sie gekämpft haben." Inzwischen wissen die Kinder genau, wann ich nachmittags ein Seminar an der Pädagogischen Hochschule halte. So in Schale bin ich sonst nicht.

„Na hoffentlich haben die Lehrerinnen auch alle brav ihre Hausübung gemacht!", schreit Fabian heraus.

„Oho!", sage ich: „Höre ich da wirklich das Wort ‚Hausübung' aus deinem Mund? Heißt das etwa, dass du die erste Schreibhausübung deines Lebens gemacht hast?"

„Nein, die zweite, Sie erinnern sich doch sicher", erwidert Fabian und wartet offensichtlich auf meine Aufforderung vorzulesen.

„Dann mal los!", sage ich und lasse mein Stundenprogramm vorerst links liegen. Er liest:

Ich liege schon im Bett. Da höre ich die Eingangstür und die schweren Schritte meines Vaters. Mein Herz klopft schneller, beginnt zu rasen, als er an meiner Zimmertür vorbeigeht, von der er letzte Woche den Schlüssel abgezogen hat. Ich weiß nicht, ob ich froh sein soll, dass er vorbeigeht, oder nicht. Wenn er vorbeigeht, ist nämlich meine Mutter dran. Dann sagt er, sie muss aufstehen, weil sie so faul ist und immer nur im Bett liegt. Manchmal schmeißt er dann die gebügelte Wäsche aus den Schränken und verlangt von ihr sie einzuräumen und sagt, dass sie nicht einmal den Haushalt hinkriegt. Meistens tut sie es einfach. Einmal hat sie etwas dagegen gesagt, da hat er sie so geschlagen, dass von der Küche bis ins Bad Blutspuren waren.

Ich bin damals auf meinem Bett gelegen, habe gespürt, wie mein Herz rast und konnte mich nicht rühren vor Angst. „Komisch", habe ich mir gedacht. „Mein kleiner Bruder schläft einfach weiter." Ich fühlte mich feige und hasste mich, weil ich ihr nicht helfen konnte.

„So, da haben wir's jetzt", denke ich, gleichzeitig fällt mir Dr. Perl ein. Sie hat uns im Master Studium immer wieder mit der Frage: „How to tackle really hard issues" konfrontiert. Diese Art zu schreiben, das Freewriting, löst die Zunge, bringt den Schüler in seiner Ganzheit auf das Papier. Schön, wenn es eine schöne Geschichte ist. Umso schlimmer, wenn es eine schlimme Geschichte ist.

In der Klasse ist es mucksmäuschenstill. Ich habe mir während des Zuhörens Notizen gemacht. Meine Schüler sind es gewohnt, dass ich oft noch etwas fertig zu schreiben habe. Ich beschließe, zuerst nur auf den Text einzugehen: „Fein, dass du deine zweite Hausübung gemacht hast. Danke, dass du den Mut aufgebracht hast, deine Geschichte vorzulesen. Es kann eine wahre Geschichte sein oder nicht, das wissen wir nicht. Aber du merkst an der Stille in der Klasse, dass sie uns sehr betroffen gemacht hat. Vielleicht, weil jeder von uns solche Momente der Hilflosigkeit kennt. Wir wissen, dass wir handeln sollten, sind aber wie gelähmt vor Angst."
Die Polizei fällt mir ein. Hat jemand von euch schon einmal die Polizei gerufen?
Nadine meldet sich: „Vergessen Sie die Polizei. Die tut nichts. Kommt nicht einmal mehr, wenn man sie schon zum dritten Mal ruft." – „Das glaube ich nicht", sage ich und komme mir naiv vor. „Wisst ihr was? Wir rufen den Kontaktpolizisten unserer Schule an und fragen ihn um Rat." Ich hole mein Handy aus der Tasche, wähle seine Nummer und habe Glück. Er ist tatsächlich in seinem Büro. Ich drehe mein Telefon auf laut und lasse die SchülerInnen mithören. Er bestätigt, dass Jugendliche keine Chance haben, allein sinnvoll einzugreifen. Jugendliche, auch wenn sie schon älter sind, können in solchen Situationen die Verantwortung nicht übernehmen, zumal sie mächtigeren, stärkeren Erwachsenen gegenüber stehen. Am besten wäre es, meint er, sich anzuziehen und mit dem kleinen Bruder in ein Krisenzentrum zu gehen, um die Nacht dort zu verbringen. Dann würde auf jeden Fall jemand eingeschaltet, der sich um die Eltern kümmert, und die Jugendlichen wären in Sicherheit. Abschließend gibt der Polizist noch die Adressen der nächstgelegenen Krisenzentren durch,

und Nadine bestätigt, dass ihr in einem davon tatsächlich schon einmal geholfen wurde.
Fabian wirkt ein wenig erleichtert. „Können wir es so stehen lassen?“, frage ich ihn. Er nickt und senkt den Kopf.
„Wie war es für dich, vor der Klasse zu lesen?“ Fabian klopft mit einer Handfläche auf sein Herz, immer schneller werdend.
„Okay“, sage ich und weiß: Jetzt ist es genug für ihn.
Aus dem Augenwinkel beobachte ich währenddessen, wie Zuzanna einen Zettel unter der Schreibunterlage verschwinden lässt. Ich schlage meine Mappe mit der Stundenplanung auf und sehe, dass sie sich für diese Stunde gemeldet hat, um die Endfassung ihres Gedichts „Wo ich herkomme“ vorzustellen.
Ich schaue zu Sebastian hinüber, der jedes Mal sagt, dass er es nicht aushält, wenn sich ein Gedicht nicht reimt. Gedichte müssten sich reimen, sonst sind es seiner Ansicht nach keine Gedichte. Davon geht er trotz meiner Beispiele aus der Weltliteratur nicht ab.
„Zuzanna, du bist dran“, sage ich aufmunternd mit dem Blick auf ihre Schreibunterlage gerichtet. Mit einem Stoßseufzer zieht sie das Blatt hervor. „Sebastian, nimm ein Blatt Papier, verwende ihr Thema und schreib ein Gedicht, das sich reimt“, fordere ich ihn mit vielsagendem Blick auf.
„Scheiße!“, gibt er schmunzelnd zurück, zückt tatsächlich ein Blatt Papier. Zuzanna rückt ihren Sessel zurecht und beginnt mit leicht polnischem Akzent zu lesen:

Wo ich herkomme

Da kniet meine Oma vor dem Herd
Und macht die Stube warm, bevor ich aufstehe
Sie ruft die Katze miez miez miez zur lauwarmen Milch
„Aber geh!“, schreit sie beruhigend dem Klagen der Kühe zu

„Komm ja schon, Krasula.“
Das alles höre ich im Bett, im Zimmer unter dem Dach
In das schräg die Sonne ihre Strahlen schickt, um mich zu wecken
Das Fenster ist offen, ich rieche das frische Heu
Warte, bis der Großvater seinen Kaffee geschlürft
Darauf, dass der Onkel zur Arbeit fährt

Erst dann habe ich sie für mich ganz allein, meine Oma
Dann setzt sie sich zu mir in die Stube
Erzählt davon, wie es früher war, mit ihren Kindern noch daheim
„Brav waren sie alle“, fängt jede ihrer Geschichten an
Doch dann fährt der eine im Waschtrog bei Hochwasser
Der andere mit den Skiern gegen die Scheunenwand
Sie lacht dabei und wird ganz jung

Manchmal, da liege ich im Bett in Wien, werde wach
vom Duft nach Heu
Dem Läuten der Kuhglocken von der Wiese her, bleibe
ganz still liegen
Rühre mich nicht, bis ich ganz nah fühle ihr Gesicht
Wenn sie ihre Nase an meiner reibt und flüstert:
„Der Tag wäre jetzt so weit“
Ich lasse die Augen den ganzen Tag zu und gehe so durch die Welt
Weil ich sonst nicht aushalte, wie sehr sie mir fehlt.

„Ha, das reimt sich“, schreit Sebastian jubilierend: „Hab ich dich doch überzeugt, was?“ Zuzanna grummelt: „Nur wegen der einen Zeile hast du noch gar nichts erreicht.“ – „Das hört sich ja an wie vor hundert Jahren“, wundert sich Bianca. Zuzanna meint: „Vielleicht bin ich auch 114 und nicht 14, so wie unsere Lehrerin sagt, dass sie 143 Jahre alt ist?“

„Jaja", sage ich: „Wir sind zwei alte Seelen", und kann doch die Rührung in meiner Stimme kaum verbergen. Es passiert immer öfter, dass meine SchülerInnen in einer Weise von ihrer alten Heimat erzählen, als hätten sie in meiner Kindheit auf dem Land gelebt. Es ist still nach der Textbesprechung.
„Na", sage ich „Was gibt's?" – „Sie sind dran! Aber rasch, wenn ich bitten darf, sonst ist die Stunde aus!", ahmt mich Daniel nach. Plötzlich wird mir heiß. Stimmt! Ich hätte glatt vergessen, dass schon alle dran waren außer mir. „Tja", kann ich kaum fertig sprechen, als die 4A im Chor meint: „Den Text nicht verteidigen, den Text nicht erklären, einfach lesen." Ich verschlucke mich fast, weil ich tatsächlich etwas dazu sagen wollte, lasse es aber bleiben und setze mich an den Lehrertisch. „Schwierig zu lesen", denke ich, beginne aber tapfer:

Jetzt

Schön sein, wie soll ich es ihnen sagen, wie?
Dass sie schön sind, alle, wie nie mehr.
Sie lassen es nicht gelten.
Schön sein zwingt sie in die Knie.
Es gibt keine Konkurrenz.
Ihr seid alle anders schön.
So müsst ihr das seh'n!

Jetzt.
Jetzt schön sein.
Euch jetzt gefallen.
Jetzt.
Mehr gibt es vielleicht nicht,
Als das Sein im Jetzt zu üben.

Wild sein, wie soll ich es ihnen sagen, wie?
Sich etwas trauen, wenn einem Leute zuschauen.
Die darauf achten, ob wir Fehler machen.
Uns zeigen, nackt bis auf die Knochen,
Um zu sehen, dass sie uns tragen,
Wenn wir etwas wagen.

Jetzt.
Jetzt wild sein.
Euch jetzt etwas trauen.
Jetzt.
Mehr gibt es vielleicht nicht
An Sinn im Leben.

Etwas tun, wie soll ich es ihnen sagen, wie?
Die Sache ist das Leben, nehmt es in die Hand.
Lasst euch nicht täuschen vom Spaß.
Anstrengend ist es und wild und schön.
Ein Ziel erreichen, miteinander geh'n.
Wissen, wir fallen in ein Netz.

Jetzt.
Jetzt schön sein.
Jetzt wild sein.
Jetzt tun.
Jetzt.
Mehr braucht ihr nicht
Zum Glück
Nie!

Ich bin fertig. Daniel reißt die Arme hoch, schreit wie in einem Fußballstadion:
„Wir sind Hauptschüler und die Welt wird mit uns rechnen müssen!“, kippt dabei mit dem Sessel nach hinten, haut sich mit lautem Knall den Schädel an, es läutet, er beschimpft seinen Nachbarn: „Du Depp hast wieder den Tisch zu nah an die Wand gestellt!“ Ich will zu meinem Kaffee, kann aber Daniel so nicht der Pausenaufsicht überlassen, wedle mit dem Ice-pack, das nicht mehr eisig ist, aber wirkt: „Bin schon geheilt!“, ruft er und verlässt die Klasse in Richtung Buffet.
Ich packe meine Tasche und mache mich auf den Weg ins Lehrerzimmer, als mir Nadine im Vorbeilaufen ein Briefchen in die Hand schiebt. Im Lehrerzimmer mache ich es auf, besorgt, dass etwas Privates, etwas Schlimmes drinstehen könnte und ich womöglich nicht weiß, wie ich damit umgehen soll. Neugierig bin ich aber doch und lese, was Nadine mir zu sagen hat: „Ich bin mir sicher, dass aus Ihnen einmal was wird!“
Ich freue mich, bin verlegen, finde es schräg, entzückend, berührend, bin völlig durcheinander. Da stehe ich nun, verdattert, mit dem Zetterl in der Hand, und weiß erst recht nicht, wie ich damit umgehen soll – mit etwas so Schönem.

IMPRESSUM

ISBN 978-3-85485-265-0

Lektorat und Herstellung: Marion Mauthe

Umschlaggestaltung: Bruno Wegscheider
Umschlagfoto: iStockphoto
© Prill Mediendesign & Fotografie

Druck: CPI BOOKS Gmbh, Pohořelice